Grammaire pro

Grammatik für Französisch
als spätbeginnende Fremdsprache
an beruflichen Schulen und
an Gymnasien

von
Krystelle Jambon
Dieter Kunert

Ernst Klett Verlag
Stuttgart · Leipzig

Grammaire pro

2. Auflage 2 10 9 8 7 6 | 2020 19 18 17 16

Alle Drucke dieser Auflage sind unverändert und können im Unterricht nebeneinander verwendet werden. Die letzte Zahl bezeichnet das Jahr des Druckes.

Internetadresse: www.klett.de

Autorinnen und Autoren: Krystelle Jambon, Saarbrücken; Dieter Kunert, Toulouse
Beratung: Gudrun Krassin, Moers; Elke Zapf, Karlsruhe

Redaktion: Florence Canette, Katja Schmitt
Gestaltung: Miriam Brusniak

Illustrationen: Myrtia Wefelmeier, Berlin
Reproduktion: Meyle+Müller, Medienmanagement, Pforzheim
Druck: Druckhaus Götz GmbH, Ludwigsburg

Printed in Germany.
ISBN 978-3-12-524483-2

9 783125 244832

Bonjour !

Grammaire pro enthält in übersichtlicher und knapper Form die grundlegenden grammatischen Themen der französischen Sprache. Es kann zum **selbstständigen Lernen** und **Nachschlagen** – in Verbindung mit *Génération pro* oder jedem anderen Lehrwerk – eingesetzt werden.

Die Grammatik ist in **11 Kapitel** eingeteilt (s. Inhaltsverzeichnis ab S. 4). Die einzelnen Kapitel enthalten viele einprägsame **Beispielsätze** und **Illustrationen**, die das Verstehen und Merken der Regeln erleichtern. **Hervorhebungen** lenken den Blick auf die wichtigsten Informationen, **Zusammenfassungen** ermöglichen einen schnellen Überblick.

Das Symbol ! macht Sie auf **Besonderheiten** und **Ausnahmen** aufmerksam.
Das Symbol ▶ verweist Sie auf andere Kapitel, die in dem jeweiligen Zusammenhang von Bedeutung sind oder **weiterführende Informationen** enthalten.

Wenn Sie einen bestimmten Begriff suchen, dann können Sie im **Stichwortverzeichnis** (S. 113 ff.) nachschauen. Dort sind alle wichtigen Begriffe aufgelistet mit einem Verweis auf das jeweilige Kapitel, in dem sie vorkommen.

Wenn Sie einen **grammatischen Begriff** nicht verstehen, dann können Sie auf S. 110 ff. nachschlagen. Dort werden alle grammatischen Bezeichnungen erklärt und mit Beispielen belegt.

Im Anhang befindet sich außerdem eine Übersicht über die **regelmäßigen Konjugationsmuster** und die **wichtigsten unregelmäßigen Verben** (S. 97 ff.).

Viel Erfolg mit der *Grammaire pro*!

Die Nomen und Begleiter

Nomen können im Satz z. B. die Funktion von Subjekt oder Objekt haben.
Sie stehen meist in Verbindung mit Begleitern (z. B. Artikel), durch die sie näher bestimmt werden.

§1 Das Geschlecht der Nomen

männlich	un cinéma	ein Kino
weiblich	une gare	ein Bahnhof

R Im Französischen gibt es nur zwei Geschlechter: männlich (maskulin) und weiblich (feminin).

Es gibt keine allgemeinen Regeln, um das Geschlecht (Genus) eines Nomens zu bestimmen. Einige Merkmale helfen aber, das Geschlecht zu erschließen:

1. Das Geschlecht bei Personen

Bei Personenbezeichnungen wird die weibliche Form mit der Endung **-e** gekennzeichnet:

männlich	weiblich
un Français	une Français**e**
un Allemand	une Allemand**e**
un Africain	une Africain**e**
un apprenti	une apprenti**e**
un client	une client**e**
un assistant	une assistant**e**
un voisin	une voisin**e**

! **Aber:** un copain, une cop**ine**

Besondere Endungen:

	männlich		weiblich
-eur	un vendeur	**-euse**	une vendeuse
-ien	un technicien	**-ienne**	une technicienne
-teur	un consommateur	**-trice**	une consommatrice

Manche Nomen haben identische männliche und weibliche Formen.
Das Geschlecht erkennt man dann nur am Artikel:

un/une élève	ein Schüler/eine Schülerin
un/une prof	ein Lehrer/eine Lehrerin
un/une collègue	ein Kollege/eine Kollegin
un/une responsable	ein Verantwortlicher/eine Verantwortliche

2. Das Geschlecht bei Dingen

Nomen mit den folgenden Endungen sind in der Regel männlich:

-age	voy**age**, st**age**	**-et**	buff**et**, carn**et**
-al	journ**al**, chev**al**	**-ier**	quart**ier**, atel**ier**
-ail	trav**ail**, dét**ail**	**-isme**	tour**isme**, athlét**isme**
-eau	gât**eau**, bur**eau**	**-ment**	apparte**ment**, manage**ment**
-eil	accu**eil**, sol**eil**	**-teur**	ordina**teur**, trai**teur**

! **Aber:** **une** plage, **une** eau (minérale)

Nomen mit den folgenden Endungen sind in der Regel **weiblich**:

-ance	ambi**ance**, tend**ance**	**-ée**	id**ée**, journ**ée**
-ence	ag**ence**, différ**ence**	**-ise**	entrepr**ise**, cr**ise**
-erie	pâtiss**erie**, charcut**erie**	**-sion**	télévi**sion**, émis**sion**
-esse	adr**esse**	**-tion**	exposi**tion**, associa**tion**
-ette	omel**ette**, rec**ette**	**-ure**	chauss**ure**, agricult**ure**

! **Aber:** **un** lycée, **un** musée, **le** silence

3. Das Geschlecht bei geografischen Namen

Die meisten Länder, Kontinente, Regionen und Flüsse, die auf **-e** enden, sind weiblich:

Länder		Kontinente	Regionen	Flüsse
la France	l'Autriche	l'Europe	la Provence	la Loire
la Suisse	l'Australie	l'Asie	la Camargue	la Seine
la Hongrie	l'Italie	l'Afrique		
l'Allemagne	l'Espagne			

Länder, die **nicht auf -e** enden, sind männlich:

le Maroc, le Portugal, le Luxembourg, le Danemark, le Brésil, le Canada

Im Plural stehen: **les** Pays-Bas, **les** Etats-Unis

Zu den Präpositionen bei Ländernamen ▶ § 24

4. Nomen mit unterschiedlichem Geschlecht im Französischen und Deutschen

Nomen, die im Französischen männlich sind:

🇫🇷	🇩🇪
un CD	eine CD
un groupe	eine Gruppe
un SMS	eine SMS

🇫🇷	🇩🇪
un e-mail	eine E-Mail
un numéro	eine Nummer
un travail	eine Arbeit

Nomen, die im Französischen weiblich sind:

🇫🇷	🇩🇪
une chaussure	ein Schuh
une danse	ein Tanz
une interview	ein Interview

🇫🇷	🇩🇪
une photo	ein Foto
une place	ein Platz
une salade	ein Salat

§2 Die Pluralbildung der Nomen

1. Regelmäßige Pluralbildung

un salon →	des salon**s**
une chambre →	des chambre**s**

R Der **Plural** (die Mehrzahl) wird durch ein **-s** am Ende des Nomens gekennzeichnet. Das **-s** wird nicht ausgesprochen.

2. Unregelmäßige Pluralbildung

	Singular (Einzahl)	**Plural (Mehrzahl)**
-al → -aux	un jour**nal**	des jour**naux**
-ail → -aux	un trav**ail**	des trav**aux**
-eau → -eaux	un cad**eau**	des cad**eaux**
-eu → -eux	un **jeu**	des **jeux**
-ou → -oux	un ch**ou** (ein Kohl)	des ch**oux**

! **Aber:**

un festival → des festival**s**
un détail → des détail**s**
un pneu (ein Reifen) → des pneu**s**
un clou (ein Nagel) → des clou**s**

! Nomen auf **-s**, **-x**, und **-z** bleiben in der Pluralform identisch:

un repas → des repas
un prix → des prix
un nez (eine Nase) → des nez

Sonderformen:

monsieur → messieurs
madame → mesdames
mademoiselle → mesdemoiselles
un œil (ein Auge) → des yeux
un CD → des CD

Familiennamen bekommen im Plural kein **-s** :

les Durand_ ↔ die Durands

§ 3 Der unbestimmte Artikel

Den unbestimmten Artikel verwendet man, um über Personen und Dinge zu sprechen, die nicht näher bestimmt sind.

	männlich	weiblich
Singular	un ordinateur	une voiture
Plural	**des** ordinateurs	**des** voitures

R Im Singular lautet der unbestimmte Artikel ***un*** (männlich) und ***une*** (weiblich). Die Pluralform heißt ***des***.

! Im Französischen muss im Gegensatz zum Deutschen und Englischen vor dem Plural des Nomens der unbestimmte Artikel gesetzt werden:

🇫🇷	🇩🇪	🇬🇧
Il y a **des** ordinateurs dans la classe.	Es gibt _Computer im Klassenraum.	There are _computers in the classroom.

Zur Verneinung + direktes Objekt mit unbestimmtem Artikel ▸ § 56

§ 4 Der bestimmte Artikel

Der bestimmte Artikel wird verwendet, um über ganz bestimmte Personen und Dinge zu sprechen. Beachten Sie den Unterschied zum unbestimmten Artikel:

Je cherche **un** bon restaurant. – **Le** restaurant africain de la rue Montmartre est super.

	männlich	weiblich
Singular	le restaurant, l'hôtel	la cuisine, l'invitation
Plural	**les** restaurants, **les** hôtels	**les** cuisines, **les** invitations

R Im Französischen heißt der bestimmte Artikel im Maskulinum ***le*** und im Femininum ***la***. Vor **Vokal** oder **stummem *h*** wird ***le*** oder ***la*** zu ***l'*** verkürzt. Die Pluralform heißt ***les***.

! Beachten Sie die Bindung:

Vor Vokal oder **stummem *h*** wird das ***s*** in ***les*** hörbar.
→ les‿hôtels [lezɔtɛl], les‿invitations [lezɛ̃vitasjõ]

Vor einigen Nomen wird der Artikel nicht apostrophiert und auch nicht gebunden. Das ***h*** bei diesen Wörtern nennt man ***h aspiré*** (= aspiriertes oder „angehauchtes" ***h***).
→ la hotline [la'ɔtlajn], les hard discount [le'aʀdkiskunt]

§5 Die Präpositionen *à* und *de* und der bestimmte Artikel

		Théo va
à +	**le** →	**au** cinéma.
	les →	**aux** Halles.

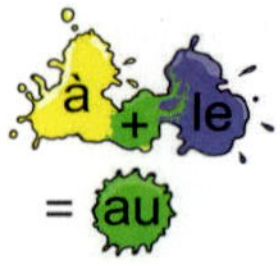

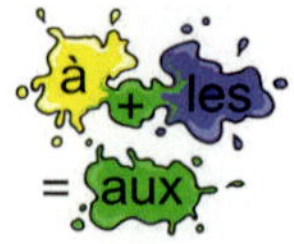

		Rose parle
de +	**le** →	**du** cinéma.
	les →	**des** vacances.

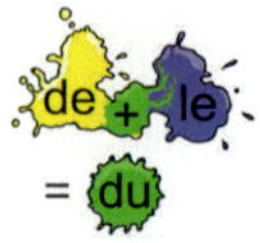

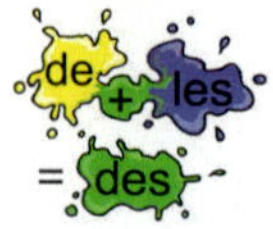

R Die Präpositionen ***à*** und ***de*** verschmelzen mit den bestimmten Artikeln ***le*** und ***les*** zu ***au/aux*** und ***du/des***.

! **Aber:** Bei den Artikeln ***la*** und ***l'*** findet keine Verschmelzung statt.
→ Le mercredi, Rose fait **de la** danse et **de l'**athlétisme. Le jeudi, elle reste **à la** maison.

§6 Der Teilungsartikel

Der Teilungsartikel wird verwendet, um eine unbestimmte Menge von nicht zählbaren Dingen zu benennen.

	du lait.	↔	Wir brauchen _ Milch.
Il nous faut	**de la** bière.	↔	Wir brauchen _ Bier.
	de l'eau.	↔	Wir brauchen _ Wasser.
	Teilungsartikel	↔	*kein Artikel*

R Der Teilungsartikel ***du***, ***de la***, ***de l'*** wird aus ***de*** und dem **bestimmten Artikel** gebildet. Er bezeichnet eine **unbestimmte Menge** von Dingen, die man nicht zählen kann. **Im Deutschen** steht in diesem Fall **kein Artikel**.

! Nach ***avec*** steht der Teilungsartikel. Nach ***sans*** steht kein Teilungsartikel:
Tu prends ton café **avec du** lait ? – Non, **sans** lait, s'il te plaît.

! Der Teilungsartikel steht auch bei abstrakten Begriffen:
Chut ! J'écoute **de la** musique. ↔ Psst! Ich höre _ Musik.

! Nach ***aimer***, ***adorer***, ***préférer***, ***détester*** steht immer der bestimmte Artikel:
Tu aimes **la** géographie ou tu préfères **la** gestion ?
↔ Magst du _ Erdkunde oder magst du lieber _ Betriebswirtschaftslehre?

Moi, j'adore **l'**histoire, mais je déteste **les** maths.
↔ Ich mag _ Geschichte sehr gern, aber ich hasse _ Mathe.

Zur Verneinung + direktes Objekt mit Teilungsartikel ► § 56
Zu den Mengenangaben ► § 81

§7 Die Possessivbegleiter

Mit **Possessivbegleitern** (mein, dein, sein …) wird ein **Besitzverhältnis** oder eine **Zugehörigkeit** ausgedrückt.

1. Formen, die sich auf einen „Besitzer“ beziehen

Nomen im Singular			Nomen im Plural
m.	**m.** + **f.**	**f.**	**m.** + **f.**
mon copain mein	mon‿ami/mon‿amie	ma copine meine	mes copains/copines meine
ton copain dein	ton‿ami/ton‿amie	ta copine deine	tes copains/copines deine
son copain sein/ihr	son‿ami/son‿amie	sa copine seine/ihre	ses copains/copines seine/ihre

R Die Possessivbegleiter richten sich in **Geschlecht und Zahl** immer nach dem **Nomen**, vor dem sie stehen.
Im **Singular** muss man zwischen **männlich** und **weiblich** unterscheiden.
Im **Plural** gibt es für männlich und weiblich **nur eine Form**.

! Folgt dem Possessivbegleiter ein Nomen in der Einzahl, das mit einem **Vokal** oder stummem ***h*** beginnt, so steht **immer die maskuline Form *mon/ton/son***, auch wenn das Nomen feminin ist.

une idée → son idée
une histoire → son histoire

! Im Französischen richtet sich der Possessivbegleiter auch in der 3. Person Singular ausschließlich nach dem Geschlecht des Nomens, vor dem er steht.
Im Deutschen hingegen gibt das Geschlecht des Besitzers den Ausschlag.

Alex cherche **sa veste**. ↔ **Alex** sucht **seine** Jacke.

Rose cherche **sa veste**. ↔ **Rose** sucht **ihre** Jacke.

2. Formen, die sich auf mehrere „Besitzer" beziehen

Nomen im Singular	Nomen im Plural
m. + f.	m. + f.
notre copain/copine unser(e)	**nos** copains/copines unsere
votre copain/copine eur(e)/Ihr(e)	**vos** copains/copines eure/Ihre
leur copain/copine ihr(e)	**leurs** copains/copines ihre

R Wenn sich die Possessivbegleiter auf mehrere „Besitzer" beziehen, muss man darauf achten, ob das folgende Nomen im **Singular** oder **Plural** steht:
Im **Singular** verwendet man immer ***notre/votre/leur***.
Im **Plural** verwendet man ***nos/vos/leurs***.

! Wenn man eine oder mehrere Personen mit „Sie" anredet, verwendet man ***votre*** oder ***vos***.

Pardon, monsieur, c'est **votre** voiture ? … **Ihr** Auto?
Mesdames, messieurs, montrez **vos** papiers, s'il vous plaît. … **Ihre** Papiere.

! Das deutsche „ihr/e" kann im Französischen mit ***son/sa/ses*** und ***leur(s)*** wiedergegeben werden.

Voilà Manon, **sa** mère, **son** père et **ses** frères. … **ihre** Mutter, **ihr** Vater und **ihre** Brüder.
Voilà les Durand et **leur** chien chez **leurs** amis. … und **ihr** Hund bei **ihren** Freunden.

! Die Possessivbegleiter ***leur/leurs*** **(ihr/e)** dürfen nicht mit dem unveränderlichen indirekten Objektpronomen ***leur*** **(ihnen)** verwechselt werden.

Possessivbegleiter:
Laure et Marc parlent de **leur** maison et de **leurs** enfants. Laure und Marc sprechen von **ihrem** Haus und **ihren** Kindern.

Objektpronomen:
Je **leur** montre les photos de mon stage à Lyon. Ich zeige **ihnen** die Fotos von meinem Praktikum in Lyon.

Zu den indirekten Objektpronomen ▸ § 16

§ 8 Die Demonstrativbegleiter

Die Demonstrativbegleiter ***ce/cet***, ***cette***, ***ces*** (dieser, dieses, diese) verwendet man, wenn man auf bestimmte Personen oder Sachen hinweisen möchte.

	männlich	weiblich
Singular	ce pantalon/cet imper	cette jupe
Plural	**ces** pantalons/impers	**ces** jupes

R Die Demonstrativbegleiter richten sich in **Geschlecht** und **Zahl** nach dem Nomen, das sie begleiten. Im Maskulinum Singular lauten sie ***ce***, vor **Vokal** und **stummem *h*** ***cet***, im Femininum Singular ***cette***. Im Plural gibt es nur die Form ***ces***.

! Beim Sprechen muss auf die Bindung geachtet werden:
cet‿airbag, cette‿histoire, ces‿options.

! ***Ce***, ***cet*** und ***cette*** werden auch in Verbindung mit Zeitangaben verwendet:

ce matin (heute Morgen), ce soir (heute Abend), cet après-midi (heute Nachmittag), cet été (in diesem Sommer), cette année (in diesem Jahr).

! ***Ces*** (diese) und ***ses*** (seine/ihre) werden gleich ausgesprochen, aber unterschiedlich geschrieben.

§ 9 Die Fragebegleiter

Die Fragebegleiter ***quel***, ***quelle***, ***quels***, ***quelles*** (welcher, welche) dienen dazu, genauere Informationen zu einem Sachverhalt zu erfragen.

	männlich	weiblich
Singular	Quel film est-ce que tu regardes ?	Quelle musique est-ce que tu préfères ?
Plural	Quels blogs est-ce que tu lis ?	Quelles langues étrangères est-ce que tu parles ?

R Die Fragebegleiter richten sich in **Geschlecht** und **Zahl** nach dem Nomen, auf das sie sich beziehen.

Quel kann auch in Ausrufen verwendet werden:

Quel stress ! — Was für ein Stress!
Quelle belle jupe ! — Was für ein schöner Rock!

Die Adjektive

§10 Die Formen der Adjektive

Mit Adjektiven beschreibt man **Eigenschaften** von Lebewesen oder Gegenständen.

1. Bildung des Femininums und des Plurals

	Singular	Plural
Maskulinum	C'est un jour important.	Ce sont des jours important**s**.
Femininum	C'est une année important**e**.	Ce sont des années important**es**.

R Adjektive richten sich in **Genus** und **Numerus** nach dem Nomen, auf das sie sich beziehen. Das **Femininum** wird gebildet, indem man ein ***-e*** an die maskuline Form anhängt. Der **Plural** wird durch ***-s*** bzw. ***-es*** gekennzeichnet.

! Bei den femininen Formen der Adjektive unterscheidet man zwischen hörbaren und nicht hörbaren Formen. Die Endung mit ***-e*** muss **immer im Schriftbild** vorhanden sein, auch wenn man sie nicht hört.

vert [vɛʀ]/vert**e** [vɛʀt] → hörbar
noir [nwaʀ]/noir**e** [nwaʀ] → nicht hörbar

Ebenso: bleu/bleue, direct/directe, génial/géniale, joli/jolie, vrai/vraie

! Maskuline Adjektive, die im Singular auf ***-s*** oder ***-x*** enden, erhalten im Plural kein weiteres ***-s***:

	un copain anglais	des copains anglais
Aber:	une copine anglaise	des copines anglaises

	Singular	Plural
Maskulinum	C'est un garçon responsabl**e**.	Ce sont des garçons responsable**s**.
Femininum	C'est une fille responsabl**e**.	Ce sont des filles responsable**s**.

R Adjektive, die in der maskulinen Form auf ***-e*** enden, haben nur **eine Form für den Singular**. Im **Plural** muss nur ein ***-s*** an die maskuline oder feminine Singularform des Adjektivs angehängt werden.

2. Sonderformen

a) Sonderformen im Femininum

-eux → -euse		-(i)er → -(i)ère	
délicieux	délici**euse**	cher	ch**ère**
heureux	heur**euse**	étranger	étrang**ère**
dangereux	danger**euse**	premier	premi**ère**
-en → -enne		dernier	derni**ère**
ancien	anci**enne**	**-f → -ve**	
italien	itali**enne**	actif	acti**ve**
autrichien	autrichi**enne**	bref	br**ève**
moyen	moy**enne**	neuf	neu**ve**
-el → -elle		sportif	sporti**ve**
professionnel	professionn**elle**	**-c → -que**	
traditionnel	traditionn**elle**	turc	tur**que**
naturel	natur**elle**	public	publi**que**

Weitere Sonderformen:

bon	bon**ne**
gros	gros**se**
blanc	blan**che**

sec	s**èche**
frais	fra**îche**
gentil	genti**lle**

nul	nul**le**
long	long**ue**
fou	**folle**

b) Sonderformen im Plural

un musicien génial → des musiciens géniaux
Aber: une musicienne géniale → des musiciennes géniales

Ebenso: général, national, principal, spécial

R Adjektive auf ***-al*** bilden in der Regel den **Plural Maskulinum** auf ***-aux***.

c) Unveränderliche Adjektive

Manon écoute une chanson **cool**.

Elle porte des vêtements **super**.

R Einige Adjektive sind unveränderlich wie *cool*, *super*, *chic*, *marron* (braun), *orange*.

3. Die Adjektive *beau, nouveau* und *vieux*.

	Maskulinum				Femininum	
Singular	un beau	sac	un bel	**i**mper/**h**ôtel	une belle	veste
	un nouveau	sac	un nouvel	**i**mper/**h**ôtel	une nouvelle	veste
	un vieux	sac	un vieil	**i**mper/**h**ôtel	une vieille	veste
Plural	des beaux	sacs			des belles	vestes
	des nouveaux	**i**mpers			des nouvelles	vestes
	des vieux	**h**ôtels			des vieilles	vestes

R Im **Singular** haben ***beau***, ***nouveau*** und ***vieux*** vor **maskulinen** Nomen **zwei Formen**:
Vor **Vokal** oder **stummem *h*** werden **beau** zu **bel**
nouveau zu **nouvel**
vieux zu **vieil**.

Vor **femininen** Nomen steht nur eine Form: **belle**, **nouvelle** und **vieille**.
Im **Plural** gibt es bei diesen Adjektiven im **Maskulinum** wie im **Femininum** nur **jeweils eine Form**.

! ***Bel***, ***nouvel*** und ***vieil*** werden nur benutzt, wenn sie **vor** einem **maskulinen Nomen** stehen, das mit **Vokal** oder **stummem *h*** beginnt.

C'est un **bel**‿atelier. ↔ L'atelier est **beau**.
C'est mon **nouvel**‿imper. ↔ Mon imper est **nouveau**.
C'est un **vieil**‿hôtel ↔ L'hôtel est **vieux**.

§11 Die Stellung der Adjektive

1. Nach dem Nomen

C'est un livre **intéressant**.	Das ist ein **interessantes** Buch.	This is an **interesting** book.

> **R** Im Gegensatz zum Deutschen und Englischen stehen im Französischen die **meisten** Adjektive **nach dem Nomen**.

Ebenso: Farbadjektive

Alex a une **voiture rouge**. ↔ Alex hat einen **roten Wagen**.

2. Vor dem Nomen

C'est un **beau cadeau**.
Textra est une **petite entreprise**.

> **R** Nur wenige kurze Adjektive stehen **vor dem Nomen**:

petit, grand	**jeune, vieux**	**bon, mauvais**	**court, long**
beau	**joli**	**gros**	**autre**

3. Nach dem Verb

C'est une grande maison. ↔ Das ist ein großes Haus
La maison **est** grande. ↔ Das Haus ist groß.

Ce sont des artistes sympas. ↔ Das sind sympathische Künstler.
Ces artistes **ont l'air** sympas. ↔ Diese Künstler scheinen sympathisch zu sein.

> **R** Wie im Deutschen können Adjektive **nach einem Verb** (wie *être*, *rester*, *devenir*, *avoir l'air*, *vivre*) stehen. Sie beziehen sich dann auf das Subjekt des Satzes.
> Anders als im Deutschen richtet sich das Adjektiv auch in diesem Fall **nach dem Nomen**, auf das es sich bezieht.

§12 Die Steigerung der Adjektive

Um Personen oder Sachen miteinander zu **vergleichen**, braucht man die **Steigerungsformen des Adjektivs**.

1. Der Komparativ

Der Komparativ ist die erste Steigerungsstufe.

plus (+) ***aussi*** (=) ***moins*** (–)	+	**Adjektiv**	+	***que/qu'***

Sylvie Laroche est

plus	**intéressante**	**que**	les autres candidats.	… interessanter als …
aussi	**compétente**	**que**	le chef.	… genauso kompetent wie …
moins	**marrante**	**que**	les employés.	… weniger lustig als …

R Der Komparativ wird gebildet, indem man ***plus***, ***aussi*** oder ***moins*** vor das Adjektiv stellt. Das Bezugswort des Vergleichs wird immer durch ***que/qu'*** angeschlossen.

Zur Angleichung des Adjektivs ► § 10

2. Der Superlativ

Die höchste Stufe des Vergleichs heißt Superlativ.

le/la/les	+ *plus*	+	**Adjektiv**	+	*(de/d')*
le/la/les	+ *moins*				

Voilà le restaurant	**le**	**plus**	**joli**	de la ville.	… das hübscheste Restaurant …
Voilà la spécialité	**la**	**plus**	**connue**	du chef.	… die bekannteste Spezialität …
Voilà les plats	**les**	**plus**	**exotiques**	du restaurant.	… die exotischsten Gerichte …
Voilà les formules	**les**	**moins**	**chères**	de la carte.	… die billigsten Angebote …

R Der Superlativ wird gebildet, indem man den **bestimmten Artikel vor dem Komparativ** noch einmal wiederholt.
Das Adjektiv steht beim Superlativ in der Regel **nach dem Nomen**.
Das Bezugswort des Vergleichs wird mit ***de/d'*** hinter dem Superlativ angeschlossen.

! Bei Adjektiven, die vor dem Nomen stehen (▸ § 11 (2.)) kann der Superlativ auch vor dem Nomen stehen:

Voilà **le plus joli** restaurant de la ville.

! Beim Superlativ kann vor dem Nomen statt des bestimmten Artikels auch ein **Possessivbegleiter** (▸ § 7) stehen:

C'est un grand chef. Voilà **sa** spécialité **la plus connue**.

! Das Adjektiv ***bon*** hat eine besondere Steigerungsform:

	bon/bonne
(+)	**meilleur/meilleure**
(++)	**le meilleur/la meilleure**

Les crêpes sont très	**bonnes**	dans ce restaurant.
Les crêpes sucrées sont	**meilleures que**	les crêpes salées.
La crêpe Suzette est	**la meilleure**	crêpe du monde.

Der **Superlativ** *le meilleur/la meilleure* steht immer **vor dem Nomen**.

Die Pronomen

Pronomen (Fürwörter) stehen stellvertretend für **andere Wörter** (Personen und Sachen). Sie übernehmen im Satz dieselben Funktionen wie die Wörter, die sie ersetzen.

§13 Die Subjektpronomen

Subjektpronomen ersetzen das Subjekt.

Person	Singular		Plural	
1.	**je** danse	ich	**nous** dansons	wir
2.	**tu** danses	du	**vous** dansez	ihr/Sie
3.	**il, elle, on** danse	er, sie, man	**ils/elles** dansent	sie

R Die Subjektpronomen lauten ***je***, ***tu***, ***il***, ***elle***, ***on***, ***nous***, ***vous***, ***ils***, ***elles***. Sie werden nur in Verbindung mit einem Verb verwendet und werden deshalb auch **verbundene Personalpronomen** genannt.

! Vor **Vokal** oder **stummem *h*** wird ***je*** zu ***j'*** verkürzt.

J'habite à Lyon. **J**'aime cette ville.

! Die Subjektpronomen ***il/ils*** und ***elle/elles*** vertreten **Personen** und **Sachen**.
il/ils vertreten **maskuline Nomen**, ***elle/elles*** vertreten **feminine Nomen**.

Où sont les **garçons** ? – **Ils** sont au café.
Où est ma **voiture** ? – **Elle** n'est plus là.

! ***Ils*** steht auch für **gemischte Gruppen**.

Où sont **Paul et Julie** ? – **Ils** sont à la maison.

! ***On*** vertritt auch oft die ***1. Person Plural (nous)***.

Hier, **on** est allé**s** au cinéma. — Gestern sind **wir** ins Kino gegangen.

In diesem Fall wird das *participe passé* angeglichen.

! Die **2. Person Plural *vous*** (ihr) wird auch als **Höflichkeitsform** (Sie) verwendet.

Vous avez fait votre choix, monsieur ? — Haben Sie gewählt?
Vous êtes les parents de Rose ? — Sind Sie die Eltern von Rose?

Zum *passé composé* mit *être* ▸ § 33

§14 Die unverbundenen Personalpronomen

Es gibt im Französischen auch Personalpronomen, die **nicht mit einem Verb verbunden** sind. Man nennt sie deshalb **unverbundene Personalpronomen**.

Person	Singular	Plural
1.	**moi**	**nous**
2.	**toi**	**vous**
3.	**lui/elle**	**eux/elles**

Qui prend un café ? – **Moi** ! — – **Ich**.

Et **toi**, Marie ? – Non, merci, pas **moi**. — Und **du**? – Nein, danke, **ich** nicht.

Allô, c'est **moi** ! – Ah, c'est **toi**, Nina ? — Hallo, **ich** bin's. – Oh, **du** bist es, Nina?

Farid et Olivier sont plus sympas que **vous**. — … netter als **ihr**.

Où sont Mathieu et Rose ? Tu vas au ciné sans **eux** ? — Gehst du ohne **sie** ins Kino ?

Sophie, **elle**, aime danser. **Moi**, j'aime lire. — **Sophie** mag tanzen. **Ich** lese gern.

R Die **unverbundenen Personalpronomen** stehen
- in **verkürzten Sätzen ohne Verb** *(Moi.)*,
- nach ***c'est/ce sont*** *(C'est toi.)*,
- nach ***que*** im **Vergleichssatz** *(plus sympas que vous)*,
- **nach Präpositionen** *(sans eux)*,
- zusammen mit Nomen *(Sophie, elle…)* oder verbundenen Personalpronomen *(Moi, je…)* zur **Hervorhebung**.

Zum Vergleichsatz ▸ § 12, 61
Zu den Präpositionen ▸ § 23

§15 Die direkten Objektpronomen

Die **direkten Objektpronomen** ersetzen **direkte Objekte** (Wen? → Personen/Was? → Sachen).

Person	Singular		Plural	
1.	**me/m'**	mich	**nous**	uns
2.	**te/t'**	dich	**vous**	euch, Sie
3.	**le/la/l'**	ihn, sie, es	**les**	sie

	Tu	**me**	détestes ?	mich
	Je	**t'**	**a**ime.	dich
Tu ranges **ton vélo** ?	Oui, je	**le**	range tout de suite.	es
Tu cherches **ta veste** ?	Oui, je	**la**	cherche depuis des heures.	sie
Tu installes **l'ordinateur** ?	Oui, je	**l'**	**i**nstalle tout de suite.	ihn
Tu aimes **Manon** ?	Oui, je	**l'**	**a**ime beaucoup.	sie
	Ce CD	**nous**	intéresse.	uns
	Il	**vous**	intéresse aussi ?	euch/Sie
Tu invites **Eric** et **Lucie** ?	Oui, je	**les**	invite.	sie
Tu aimes **ces couleurs** ?	Oui, je	**les**	aime beaucoup.	sie

R Die **direkten Objektpronomen** der **1. und 2. Person Singular** und **Plural** lauten ***me***, ***te***, ***nous***, ***vous***. Vor einem Verb, das mit **Vokal** oder **stummem *h*** beginnt, werden ***me*** zu ***m'*** und ***te*** zu ***t'*** verkürzt.
Die **direkten Objektpronomen** der **3. Person Singular** und **Plural** lauten ***le***, ***la***, ***les***.
Vor einem Verb, das mit **Vokal** oder **stummem *h*** beginnt, werden ***le*** und ***la*** zu ***l'*** verkürzt.

! Das Objektpronomen ***le*** kann sich auch auf einen ganzen Satz beziehen:

Madame Deluc est malade. – Oui, je **le** sais. Ja, ich weiß **es**.

! Die direkten Objektpronomen ***le***, ***la***, ***les*** können auch vor ***voilà*** stehen:

Où sont **mes affaires** ? – **Les** voilà.

Zur Stellung der Pronomen im Satz ► § 19

§16 Die indirekten Objektpronomen

Die **indirekten Objektpronomen** ersetzen **indirekte Objekte** (meistens Personen → Wem?).

Person	Singular		Plural	
1.	**me/m'**	mir	**nous**	uns
2.	**te/t'**	dir	**vous**	euch, Ihnen
3.	**lui**	ihm, ihr	**leur**	Ihnen

	Tu	**m'**	apportes le livre ?	mir
	Oui, je	**te**	donne le livre.	dir
Tu donnes la clé à **Luc** ?	Oui, je	**lui**	donne la clé tout de suite.	ihm
Tu montres la photo à **Nina** ?	Oui, je	**lui**	montre la photo.	ihr
	Elle	**nous**	prête sa voiture.	uns
	Elle	**vous**	prête son vélo.	euch/Ihnen
Tu écris à **tes frères** ?	Oui, je	**leur**	écris une carte postale.	ihnen
Tu écris à **Céline** et **Claire** ?	Oui, je	**leur**	écris souvent.	ihnen

R Die **indirekten Objektpronomen** der **1. und 2. Person Singular** und **Plural** lauten ***me***, ***te***, ***nous***, ***vous***. Vor einem Verb, das mit **Vokal** oder **stummem *h*** beginnt, werden ***me*** zu ***m'*** und ***te*** zu ***t'*** verkürzt.
Die **indirekten Objektpronomen** der **3. Person Singular** und **Plural** lauten ***lui*** und ***leur***.

! Das **indirekte Objektpronomen** *leur* darf nicht mit dem **Possessivbegleiter** *leur* (▸ § 7) verwechselt werden.

! Bei einigen Verben muss darauf geachtet werden, dass sie im Deutschen und Französischen unterschiedliche Ergänzungen haben und man somit die Pronomen entsprechend anpassen muss.

🇫🇷	🇩🇪
aider **qn** C'est ma grand-mère. Je **l'**aide souvent.	jemand**em** helfen Ich helfe **ihr** oft.
demander à **qn** Voilà mon frère. Je vais **lui** demander son avis.	jemand**en** fragen Ich werde **ihn** nach seiner Meinung fragen.

Zur Stellung der Pronomen im Satz ▸ § 19
Zu den Verben mit direktem/indirektem Objekt ▸ S. 105 ff.

Zusammenfassung

Person		direktes Objekt			indirektes Objekt	
		m.	m./f.	f.	m./f.	m./f.
Sg.	1.				**me/m'**	
	2.				**te/t'**	
	3.	**le**	**l'**	**la**		**lui**
Pl.	1.				**nous**	
	2.				**vous**	
	3.		**les**			**leur**

Die **direkten** und **indirekten Objektpronomen** der **1.** und **2. Person Singular** und **Plural** haben im Französischen die gleiche Form.

§17 Das Pronomen *en*

Im Deutschen gibt es keine direkte Entsprechung zu diesem Pronomen. Man kann es mit ***(welche/n/s) davon*** übersetzen.

Vous prenez **du riz** ? – Oui, j' **en** prends.

Vous prenez **de la viande** ? – Oui, j' **en** prends.

Vous prenez **des carottes** ? – Oui, j' **en** prends.

Ja, ich nehme (welchen) davon. / (welches) davon. / (welche) davon.

R Das Pronomen ***en*** vertritt eine **Ergänzung mit *de*** (z. B. Teilungsartikel) und Ergänzungen mit dem unbestimmten Artikel im Plural (***des***).

Vous prenez **deux salades** ? – Non, j'**en** prends **une**.
Nein, ich nehme **einen (davon)**.

Tu as acheté **assez de fromage** ? – Oui, j' **en** ai acheté **un kilo**.
Ja, ich habe **ein Kilo (davon)** gekauft.

Tu as commandé **beaucoup de gâteaux**. – Oui, j' **en** ai même commandé **trop**.
Ja, ich habe sogar **zu viel (davon)** bestellt

R Das Pronomen ***en*** vertritt auch Nomen, denen ein **Zahlwort** (z. B. ***une** salade*) oder eine **Mengenangabe** (z. B. ***assez de***, ***beaucoup de***) vorausgeht.
In der Antwort auf eine Frage muss ***en*** durch die Mengenangabe/das Zahlwort oder eine andere Mengenangabe/ein anderes Zahlwort ergänzt werden.

Zum Teilungsartikel ▸ § 6
Zu den Mengenangaben ▸ § 81

Vous venez **de Lyon** ? – Oui, j' **en** reviens.
Ja, ich komme **von dort**.

Quand est-ce qu'il sort **du bureau** ? – Il **en** sort vers 5 heures.
Er kommt gegen 5 Uhr **heraus**.

Vous parlez **du succès de Rose** ? – Oui, nous **en** parlons.
Ja, wir sprechen **davon**/**darüber**.

Tu as besoin **de ce DVD** ? Oui, j' **en** ai besoin.
Ja, ich brauche **sie**.

R Das Pronomen ***en*** ersetzt auch andere **Verbergänzungen mit *de*** (z. B. bei *venir de, sortir de, parler de, avoir besoin de*), wenn sie sich auf **Sachen** beziehen.
Es hat dann meist die Bedeutung *von dort, darüber, davon*.

Zu den Verbergänzungen mit *de* ▶ S. 105/106

§18 Das Pronomen *y*

Für das Pronomen ***y*** gibt es ebenfalls keine direkte deutsche Entsprechung.

Elle va encore **à Nice** ? – Oui, elle **y** va souvent.
Ja, sie fährt oft **dorthin**.

J'habite **dans une petite ville**. C'est super, j' **y** ai trouvé beaucoup d'amis.
Ich habe **dort** viele Freunde gefunden.

Tu penses **à ton stage** ? – Oui, j' **y** pense.
Ja, ich denke **daran**.

Tu as répondu **au SMS de Béa** ? – Oui, j' **y** ai répondu.
Ja, ich habe **darauf** geantwortet.

R Das Pronomen ***y*** vertritt **Ortsbezeichnungen**, die mit **Präpositionen** wie *à, dans, en, sur* (**nicht aber mit *de*!**) eingeleitet werden (Bedeutung: dort, dorthin …). Es vertritt auch **Verbergänzungen mit *à***, wenn sie sich auf **Sachen** beziehen (z. B. *penser à qc, répondre à qc*).

Zu den Verbergänzungen mit *à* ▶ S. 105

§19 Die Stellung der Pronomen im Satz

1. Die Stellung von einem Pronomen im Satz

a) In einfachen Zeiten und in zusammengesetzten Zeiten mit *avoir* und *être*

Tu aimes cette émission ?	– Oui, je	la	**regarde**	tous les jours.
Tu bois du café ?	– Oui, j'	en	**bois**	toujours trop.
Tu as écrit à tes parents ?	– Oui, je	leur	**ai écrit**	deux lettres.
Tu es déjà allé en Italie ?	– Oui, j'	y	**suis allé**	une fois.

R Die direkten und indirekten **Objektpronomen** sowie die **Pronomen *en*** und ***y*** stehen unmittelbar **vor der konjugierten Form** des Verbs.

b) Beim *futur composé* und bei den Verben und Ausdrücken mit Infinitivanschluss

Tu as appelé Manon et Rose ?	– Non, mais je	**vais**	les	**appeler** ce soir.
Je peux entrer dans ta chambre ?	– Oui, tu	**peux**	y	**aller**.
J'ai un problème avec Julien.	– Est-ce que tu	**as envie d'**	en	**parler** ?

R Beim ***futur composé*** und bei den **Verben mit Infinitivanschluss** (u. a. *devoir, pouvoir, savoir, vouloir*) stehen die Pronomen **vor dem Infinitiv**.

Zu den Verben mit Infinitivanschluss ▸ S. 108/109

c) Bei der Verneinung

Tu trouves ta voisine sympa ?	– Non, je	ne	l'	**aime**	pas.	
Tu vas au théâtre ?	– Non, je	n'	y	**vais**	pas.	
Tu as invité tes copains ?	– Non, je	ne	les	**ai**	pas	**invités**.
Elle a parlé de ses problèmes ?	– Non, elle	n'	en	**a**	pas	**parlé**.
Tu ne ranges pas ta chambre ?	– Non, je	ne	**veux**	pas	la	**ranger**.
Tu vas participer au spectacle ?	– Non, je	ne	**vais**	pas	y	**participer**.

R Die **Verneinungselemente** umschließen das **Pronomen** und das **konjugierte Verb**.
Dies gilt auch für die **zusammengesetzten Zeiten** mit ***avoir*** und ***être***, wo die Verneinung das **Pronomen** und das **Hilfsverb** umschließt.
Bei **Verben mit Infinitivanschluss** umschließt die Verneinung **nur das konjugierte Verb**; das Pronomen steht hier direkt vor dem Infinitiv.

d) Im Imperativsatz

Vous avez une carte de visite ?	– Oui, prenez-la.
On peut encore dormir ?	– Non, levez-vous !
Quelle histoire !	– Raconte-moi ton histoire.
Tu es super sur cette photo !	– Ne te moque pas de moi.
Il est en colère ? Je vais aller le voir.	– Non. N'y va pas. Ne lui parle pas.

> **R** Beim **bejahten Imperativ** stehen die Pronomen **nach dem Imperativ**.
> Sie werden mit **Bindestrich** angeschlossen, statt ***me*** und ***te*** stehen hier ***moi*** und ***toi***.
> Beim **verneinten Imperativ** stehen die **Pronomen** an derselben Stelle wie im verneinten Aussagesatz.

! Beachten Sie das eingefügte Bindungs-***s*** bei va**s**-**y**:

Je peux aller chez Marc ? – Oui, va**s**-y.

2. Die Stellung von zwei Pronomen im Satz

Wenn man in einem Satz zwei Pronomen kombinieren möchte, muss man darauf achten, dass sie in einer **bestimmten Reihenfolge** stehen.

Tu me montres ton nouveau CD ?	– Je te le prête, si tu veux.
Zut ! J'ai oublié les livres pour tes parents.	– Tu peux me les apporter demain. Je les leur donnerai.
Tu as donné ma lettre à ta sœur ?	– Non, je ne la lui ai pas donnée.

> **R** Zwei Objektpronomen können nur verbunden werden, wenn eines davon das direkte Objektpronomen ***le***, ***l'***, ***la*** oder ***les*** ist.
> Die indirekten Objektpronomen ***me***, ***te***, ***se***, ***nous***, ***vous*** stehen immer vor den direkten Obektpronomen ***le***, ***la***, ***l'***, ***les***.
> **Aber:** ***lui*** und ***leur*** stehen immer nach ***le***, ***la***, ***l'***, ***les***.

Tu viens au Salon des Entrepreneurs ?	– Bien sûr. Tu m'en as déjà parlé hier. Je vais t'y accompagner.
Il y aura des stands sur l'e-commerce ?	– Oui, à mon avis, il y en aura beaucoup !

> **R** Die Pronomen ***y*** und ***en*** stehen immer nach den Objektpronomen.
> Sie können nur mit **einem einzigen Objektpronomen** kombiniert werden.
> Die Verbindung von ***y*** und ***en*** kommt nur in dem Ausdruck ***il y en a*** vor.
> Dabei steht ***y*** immer vor ***en***.

Zusammenfassung

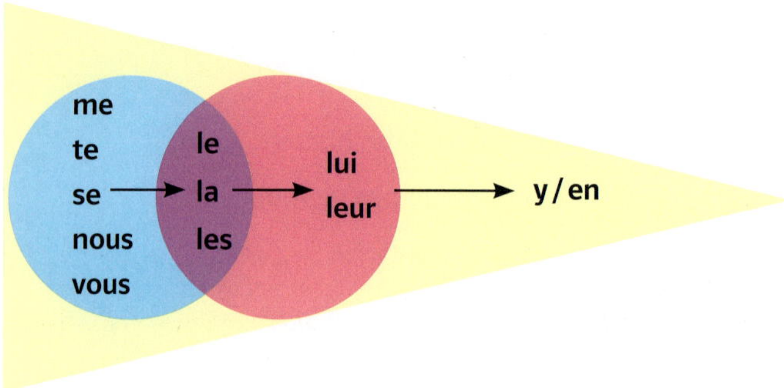

§ 20 Die Relativpronomen *qui, que, où*

Mit einem Relativsatz kann man eine Sache oder eine Person näher bestimmen. Relativsätze werden durch ein Relativpronomen eingeleitet.

1. Relativsätze mit dem Relativpronomen *qui*

Hauptsatz		Relativsatz	
Voilà **le garçon**	qui	t'a appelé.	… der Junge, **der** …
Tu ranges **les affaires**	qui	sont sur la table ?	… die Sachen, **die** …
Elle a **une voiture**	qui	ne marche pas bien.	… ein Auto, **das** …

R Das Relativpronomen ***qui*** ist **Subjekt** des Relativsatzes (Frage: Wer? oder Was?). Es kann **Personen** und **Sachen** vertreten und ist **unveränderlich**.

2. Relativsätze mit dem Relativpronomen *que*

C'est **une personne**	que	tout le monde aime.	… eine Person, **die** …
Le gâteau	qu'	elle mange est très bon.	… der Kuchen, **den** …
Les couleurs	que	je préfère sont le rouge et le noir.	… die Farben, **die** …

R Das Relativpronomen ***que*** ist **direktes Objekt** im Relativsatz (Frage: Wen? oder Was?). Es kann **Personen** und **Sachen** vertreten und ist **unveränderlich**. Vor **Vokal** und **stummem *h*** wird ***que*** zu ***qu'***.

! Man kann ***qui*** und ***que*** nicht verwechseln, wenn man weiß, dass auf ***que*** immer ein **Subjekt** folgt:

J'achète **le vélo** qui te plaît ↔ J'achète **le vélo** que **tu** nous as montré.
↓
Subjekt des Relativsatzes

3. Relativsätze mit dem Relativpronomen *où*

J'habite dans **une région**	où	on mange très bien.	… **wo/in der** man gut isst.
Voilà une photo du **restaurant**	où	nous allons souvent.	… **wohin/in das** wir oft gehen.

R Das Relativpronomen ***où*** vertritt **Ortsbezeichnungen**.

! ***Où*** kann auch in Verbindung mit **Zeitbestimmungen** stehen:

Elle parle du **jour où** elle a acheté sa première voiture.

§ 21 Die Relativpronomen *ce qui* und *ce que*

Die Relativpronomen ***ce qui*** und ***ce que*** entsprechen dem deutschen ***was***.

Je ne sais pas	ce qui	s'est passé.	Ich weiß nicht, **was** passiert ist.	→ **Subjekt**
	Ce qui	m'intéresse, c'est le sport.	**Was** mich interessiert, ist der Sport.	
Tu ne sais pas	ce que	nous devons faire ?	Du weißt nicht, **was** wir machen sollen?	→ **direktes Objekt**
	Ce qu'	on peut faire, c'est préparer un bon repas ensemble.	**Was** man machen kann, ist zusammen ein gutes Essen zuzubereiten.	

R Das deutsche Relativpronomen ***was*** wird mit ***ce qui*** oder ***ce que*** übersetzt.
Ce qui ist **Subjekt**, ***ce que*** ist **direktes Objekt** des Verbs im Relativsatz.
Ce que wird vor **Vokal** und **stummem *h*** zu ***ce qu'*** verkürzt.

! Man kann ***ce qui*** und ***ce que*** nicht verwechseln, wenn man weiß, dass auf ***ce que*** immer **ein Subjekt** folgt:

Je ne sais pas ce qui intéresse ma copine. ↔ Je ne sais pas ce qu'**elle** va faire.
↓
Subjekt des Relativsatzes

§22 Das Relativpronomen *dont*

Das Relativpronomen ***dont*** ersetzt meist eine Ergänzung mit ***de***.

Voilà mes copines Léa et Zoé. Je t'ai parlé **d'elles** hier.	Voila mes copines Léa et Zoé **dont** je t'ai parlé hier.	… **von denen** ich dir gestern erzählt habe.
C'est Marie. Le copain **de Marie** est prof.	C'est Marie **dont** le copain est prof.	… **deren** Freund Lehrer ist.
Je te donne le livre. Tu as besoin **de ce livre**.	Je te donne le livre **dont** tu as besoin.	… **das** du brauchst.

> **R** Das Pronomen ***dont*** ersetzt **im Relativsatz** eine **Ergänzung mit *de***.
> Es bezieht sich auf **Personen** und **Sachen** im **Singular** und **Plural** und ist **unveränderlich**.
> Nach ***dont*** ist die Wortstellung wie im Aussagesatz.

Zu den Verbergänzungen mit *de* ▸ S. 105/106

Die Präpositionen

§ 23 Formen und Gebrauch der Präpositionen

1. Formen

Präpositionen verdeutlichen Beziehungen zwischen verschiedenen Wörtern oder Wortgruppen.

Marie est **dans** sa chambre, **devant** l'ordinateur.	Marie ist in ihrem Zimmer vor dem Computer.
Elle est rentrée **à** 8 heures du soir.	Sie ist um 8 Uhr abends nach Hause gekommen.

Es gibt Präpositionen, die aus einem unveränderlichen Wort bestehen:
z. B. ***dans***, ***avec***, ***chez*** …

Es gibt präpositionale Ausdrücke, die aus mehreren Wörtern bestehen:
z. B. ***d'après***, ***à côté de***, ***à gauche de*** …

! Bei den präpositionalen Ausdrücken mit ***à*** und ***de*** muss man darauf achten, dass sie mit den nachfolgenden bestimmten Artikeln ***le*** und ***les*** zu ***au***, ***aux***, ***du***, ***des*** verschmelzen:

A côté **du** restaurant, il y a un jardin.
Je vais **aux** Pays-Bas.

Zur Verschmelzung der Präpositionen ***à*** und ***de*** mit dem bestimmten Artikel ▶ § 5
Zur Verwendung der Präpositionen ***avant de***, ***après***, ***sans***, ***pour*** in Infinitivsätzen ▶ § 65

2. Gebrauch

Die Präpositionen haben unterschiedliche Funktionen. Sie dienen z. B. zur Angabe

eines **Ortes**	Nous sommes **en ville**.	… in der Stadt.
einer **Richtung**	Je vais **à Bordeaux**.	… nach Bordeaux.
eines **Zeitpunkts**	Il est parti **à 11 heures**.	… um 11 Uhr.
eines **Zeitraums**	Elle a dormi **pendant dix heures**.	… 10 Stunden (lang).
eines **Mittels**	Luc part **en train**.	… mit dem Zug.

Der Sprachgebrauch legt fest, welche Präposition im Einzelfall verwendet wird.
Da die Verwendung im Deutschen und Französischen (vgl. ***dans*** *la rue* ↔ **auf** der Straße) oft unterschiedlich ist, muss man sich die wichtigsten Präpositionen und präpositionalen Ausdrücke gut merken.

a) Angabe eines Ortes (Wo?)

à Bordeaux	**in** Bordeaux	**sur** la route	**auf** der (Land)Straße
au marché	**auf** dem Markt	**sur** la table	**auf** dem Tisch
à la maison	**zu** Hause	**sur** Internet	**im** Internet
à l'est de Lyon	**östlich von** Lyon	**sous** le lit	**unter** dem Bett
à l'ouest de Paris	**westlich von** Paris	**devant** la maison	**vor** dem Haus
au nord d'Arles	**nördlich von** Arles	**derrière** la maison	**hinter** dem Haus
au sud de Montpellier	**südlich von** Montpellier	**dans** la chambre	**im** Zimmer
à droite de l'école	**rechts von** der Schule	**dans** la rue	**auf** der Straße
à gauche du musée	**links von** dem Museum	**en** Allemagne	**in** Deutschland
à côté du cinéma	**neben** dem Kino	**en** maths	**in** Mathe
au milieu du parc	**in der Mitte** des Parks	**en** cours	**im** Unterricht
chez la famille Lunet	**in/bei** der Familie Lunet	**en** ville	**in** der Stadt
chez Marc	**bei** Marc	**entre** Paris et Marseille	**zwischen** Paris und Marseille
près de l'école	**in der Nähe** der Schule	**en face du** cinéma	**gegenüber** dem Kino

b) Angabe der Richtung (Wohin?)

aller **à** Marseille	**nach** Marseille fahren	aller **chez** qn	**zu** jdm gehen
aller **à** la gare	**zum** Bahnhof fahren	entrer **dans la** chambre	**in** das Zimmer eintreten
aller **à** l'école	**in** die Schule gehen	aller **en** ville	**in** die Stadt gehen
aller **de** Lyon **à** Paris	**von** Lyon **nach** Paris fahren	partir **en** France	**nach** Frankreich aufbrechen
aller **jusqu'à** la plage	**bis zum** Strand gehen	marcher **vers** Nina	**auf** Nina **zu**gehen
passer **à travers** la forêt	**durch** den Wald gehen	aller **autour de** la place	**um** den Platz **herum** gehen

c) Angabe des Zeitpunktes (Wann?)

à trois heures	**um** drei Uhr	**vers** cinq heures	**gegen** fünf Uhr
à bientôt, **à** demain	**bis** bald, **bis** morgen	**dans** deux jours	**in** zwei Tagen
au début de l'année	**am Anfang des** Jahres	**entre** sept et huit heures	**zwischen** sieben und acht Uhr
à ce moment-là	**in diesem Augenblick**	**il y a** deux heures	**vor** zwei Stunden
au 21e siècle	**im** 21. Jahrhundert	**en** 2010, **en** juin	**im** Jahr 2010, **im** Juni
après le travail	**nach** der Arbeit	**en** été/hiver	**im** Sommer/Winter
avant le match	**vor** dem Spiel	**jusqu'à** lundi	**bis** Montag
une fois par semaine	**einmal pro** Woche	**à partir de** demain	**ab** morgen

! ***il y a*** hat zwei Bedeutungen:

Il y a des pommes sur la table. — Auf dem Tisch **sind (gibt es)** Äpfel.
Je suis rentré **il y a** deux heures. — Ich bin **vor** zwei Stunden zurückgekommen.

d) Angabe des Zeitraums (Wie lange?)

de trois **à** cinq heures	**von** drei **bis** fünf Uhr	partir en France **pour deux ans**	**für zwei Jahre** nach Frankreich gehen
du 11 **au** 16 mai	**vom** 11. **bis** 16. Mai	**pendant** les vacances	**während** der Ferien
depuis une semaine	**seit** einer Woche	**pendant** cinq ans	fünf Jahre **lang**
On peut faire ce travail **en une heure.**	… **in einer Stunde/ im Laufe einer Stunde**	**presque** trois heures	**fast** drei Stunden

e) Angabe des Mittels (Wie? Womit?)

venir **à** pied	**zu Fuß** kommen	monter **à** cheval	reiten
arriver **en** vélo	**mit** dem Fahrrad (an) kommen	dire bonjour **en** français	**auf** Französisch be-grüßen
aller **en** voiture/bus/ train/avion/métro	**mit** dem Auto/Bus/ Zug/Flugzeug/der U-Bahn fahren	payer **par** carte/ **avec** la carte (de crédit), **par** chèque	**mit** (der) Kreditkarte, **mit** Scheck zahlen
une voiture **sans** airbag	ein Auto **ohne** Airbag	**en** espèces	bar
à l'écrit/à l'oral	schriftlich/mündlich	**par** e-mail	**per** E-Mail

f) Weitere Präpositionen und präpositionale Ausdrücke

à court/long terme	**kurzfristig/ langfristig**	**par exemple**	**zum Beispiel**
au fait	**übrigens**	être **pour** qc	**für** etwas sein
à mon avis	**meiner Meinung nach**	être **contre** qc	**gegen** etwas sein
d'après les journaux	**nach/gemäß** den Zei-tungen (zu urteilen)	un jeune **sur deux**	**jeder zweite** Jugend-liche
être **en** colère	wütend sein	Tous sont venus **sauf** ma sœur.	… **außer** meiner Schwester.
à cause de la tempête	**wegen** des Sturms	**grâce à** mon frère	**dank** meines Bruders

§ 24 Präpositionen bei Ländernamen

Wenn man sagen will, **wo** man wohnt, **woher** man kommt und **wohin** man fährt, muss man im Französischen einige Besonderheiten beachten.

1. Wo? Wohin?

J'habite...
Je vais...

f.		m.		Plural
en Europe.	**en** Allemagne.	**au** Maroc.	**au** Portugal.	**aux** Pays-Bas.
en France.	**en** Afrique.	**au** Danemark.	**au** Luxembourg.	**aux** Etats-Unis.

R Auf die Frage **Wo?** und **Wohin?** steht bei den **femininen** Ländernamen ***en*** **ohne Artikel**. Bei den **maskulinen** Ländernamen steht ***au*** *(à + le)* und bei den Ländernamen im **Plural** steht ***aux*** *(à + les)*.

2. Woher?

Je viens...

f.		m.		Plural
d'Europe.	**d'**Allemagne.	**du** Maroc.	**du** Portugal.	**des** Pays-Bas.
de France.	**d'**Afrique.	**du** Danemark.	**du** Luxembourg.	**des** Etats-Unis.

R Auf die Frage **Woher?** steht bei den **femininen** Ländernamen ***de/d'*** **ohne Artikel**. Bei den **maskulinen** Ländernamen steht ***du*** *(de + le)* und bei den Ländernamen im **Plural** steht ***des*** *(de + les)*.

Zum Geschlecht bei Ländernamen ▸ § 1 (3.)

Die Verben

Mit Verben kann man ausdrücken, was man tut oder was geschieht.
Bei den Verben unterscheidet man zwischen **Stamm** und **Endung**.

z. B. parler: parl- -er

Nach den Endungen des Infinitivs (der Grundform) teilt man die französischen Verben in vier Gruppen ein:

Verben auf *-er*
parler, montrer, donner …

Verben auf *-ir*
sortir, finir, choisir …

Verben auf *-dre*
répondre, attendre …

unregelmäßige Verben
faire, dire, vouloir …

§ 25 Die Verben auf *-er* im Präsens

	parler
je	parl**e**
tu	parl**es**
il, elle, on	parl**e**
nous	parl**ons**
vous	parl**ez**
ils, elles	parl**ent**

	aimer
j'	aim**e**
tu	aim**es**
il, elle, on	aim**e**
nous‿	aim**ons**
vous‿	aim**ez**
ils, elles‿	aim**ent**

R Die Verben auf ***-er*** haben im Präsens die Endungen ***-e***, ***-es***, ***-e***, ***-ons***, ***-ez***, ***-ent***.
Nur die Endungen ***-ons*** [õ] und ***-ez*** [e] werden ausgesprochen.

! Bei Verben, die mit **Vokal** oder mit **stummem *h*** beginnen, wird ***je*** zu ***j'*** verkürzt und ***on***, ***nous***, ***vous***, ***ils***, ***elles*** werden gebunden:

j'aime, nou**s‿h**abitons.

! In der persönlichen, höflichen Anrede wendet man sich mit ***vous*** **(Sie)** an eine oder mehrere Personen:

Vous aimez la cuisine française ? Mögen Sie die französische Küche?

Einige Besonderheiten:

	acheter
j'	ach**è**te
tu	ach**è**tes
il, elle, on	ach**è**te
nous‿	achetons
vous‿	achetez
ils, elles‿	ach**è**tent

R Bei Verben vom Typ *acheter* steht im Singular und in der 3. Person Plural ein **è** (*e* mit *accent grave*).

Ebenso: **se lever** (aufstehen), **se promener** (spazieren gehen), **emmener** (mitnehmen)

	appeler
j'	appe**ll**e
tu	appe**ll**es
il, elle, on	appe**ll**e
nous‿	appelons
vous‿	appelez
ils, elles‿	appe**ll**ent

R Bei Verben vom Typ *appeler* und *jeter* steht im Singular und in der 3. Person Plural ein doppeltes ***ll*** bzw. ein doppeltes ***tt***.

rappeler (jdn noch einmal anrufen), **se rappeler** (sich erinnern), **jeter** (werfen)

	préférer
je	préf**è**re
tu	préf**è**res
il, elle, on	préf**è**re
nous	préf**é**rons
vous	préf**é**rez
ils, elles	préf**è**rent

R Im Singular und in der 3. Person Plural steht ein ***è*** (*accent grave*) statt des ***é*** (*accent aigu*).

Ebenso: **compléter** (vervollständigen), **espérer** (hoffen)

	essayer
j'	essa**i**e
tu	essa**i**es
il, elle, on	essa**i**e
nous‿	essa**y**ons
vous‿	essa**y**ez
ils, elles‿	essa**i**ent

R Im Singular und in der 3. Person Plural steht ein ***i*** statt des ***y***.

payer (bezahlen), **envoyer** (schicken), **s'ennuyer** (sich langweilen)

	manger
je	mange
nous	mang**e**ons
ils, elles	mangent

R In der 1. Person Plural steht ein ***e*** nach dem ***g***, um die Aussprache [ʒ] zu erhalten.

Ebenso: Alle Verben auf ***-ger*** wie **bouger** (sich bewegen), **changer** (wechseln, ändern), **déranger** (stören).

	commencer
je	commence
nous	commen**ç**ons
ils, elles	commencent

R In der 1. Person Plural bekommt das ***c*** eine *cédille* (**ç**), um die Aussprache [s] zu erhalten.

Alle Verben auf ***-cer*** wie **annoncer** (ankündigen), **divorcer** (sich scheiden lassen), **remplacer** (ersetzen).

§ 26 Die Verben auf *-dre* im Präsens

	répondre
je	répon**ds**
tu	répon**ds**
il, elle, on	répon**d**
nous	répon**dons**
vous	répon**dez**
ils, elles	répon**dent**

	entendre
j'	enten**ds**
tu	enten**ds**
il, elle, on	enten**d**
nous‿	enten**dons**
vous‿	enten**dez**
ils, elles‿	enten**dent**

R Die Verben auf ***-dre*** haben im Präsens die Endungen ***-s***, ***-s***, ***-d***, ***-ons***, ***-ez***, ***-ent***.
Nur die Endungen ***-ons*** [õ] und ***-ez*** [e] werden ausgesprochen.

Zu den unregelmäßigen Verben (*prendre* etc.) ▸ S. 103

§ 27 Die Verben auf *-ir* im Präsens

Man unterscheidet **zwei Gruppen**:

a) die Gruppe ***dormir*** (*partir*, *sortir* …) mit Stammverkürzung (je **dor**s)
b) die Gruppe ***finir*** (*choisir*, *réfléchir* …) mit Stammerweiterung (nous **finiss**ons)

	a) dormir
je	dor**s**
tu	dor**s**
il, elle, on	dor**t**
nous	dorm**ons**
vous	dorm**ez**
ils, elles	dorm**ent**

	b) finir
je	fini**s**
tu	fini**s**
il, elle, on	fini**t**
nous	fini**ssons**
vous	fini**ssez**
ils, elles	fini**ssent**

R Die Verben auf ***-ir*** haben im Präsens die Endungen ***-s***, ***-s***, ***-t***, ***-ons***, ***-ez***, ***-ent***.

Bei den Verben der Gruppe a (***dormir***, ***partir***, ***sentir***, ***sortir***…) wird im Singular der Stamm **verkürzt**: *je dor-s*, aber: *nous dor**m**-ons*.

Bei den Verben der Gruppe b (***finir***, ***choisir***, ***garantir***, ***investir***, ***réagir***, ***réfléchir***, ***réussir***…) wird im Plural der Stamm **erweitert**: *nous fini**ss**-ons*.

Zu den unregelmäßigen Verben (*offrir*, *ouvrir* etc.) ▸ S. 102

§ 28 *être, avoir* und *aller*

	être
je	suis
tu	es
il, elle, on	est
nous	sommes
vous	êtes
ils, elles	sont

	avoir
j'	ai
tu	as
il, elle, on	a
nous‿	avons
vous‿	avez
ils, elles‿	ont

	aller
je	vais
tu	vas
il, elle, on	va
nous‿	allons
vous‿	allez
ils, elles	vont

Weitere unregelmäßige Verben ▸ S. 99 ff.

§ 29 Die reflexiven Verben im Präsens

Reflexive Verben haben immer ein **Reflexivpronomen** (*me*, *te*, *se* …) bei sich, das sich auf das Subjekt (zurück)bezieht.

	se dépêcher	
je	**me**	dépêche
tu	**te**	dépêches
il/elle/on	**se**	dépêche
nous	**nous**	dépêchons
vous	**vous**	dépêchez
ils/elles	**se**	dépêchent

	s'amuser	
je	**m'**	amuse
tu	**t'**	amuses
il/elle/on	**s'**	amuse
nous	**nous‿**	amusons
vous	**vous‿**	amusez
ils/elles	**s'**	amusent

R Im Französischen lauten die **Reflexivpronomen** ***me***, ***te***, ***se***, ***nous***, ***vous***, ***se***.
Im Gegensatz zum Deutschen stehen sie **vor dem** Verb.
Vor **Vokal** oder **stummem *h*** werden ***me***, ***te***, ***se*** zu ***m'***, ***t'***, ***s'*** verkürzt.

! Einige **reflexive Verben im Französischen** sind im Deutschen nicht reflexiv:

se baigner	baden
se débrouiller	zurecht kommen

Einige Verben sind im **Deutschen reflexiv**, im Französischen aber nicht:

sich bräunen	bronzer
sich verändern	changer
sich scheiden lassen	divorcer

Zum *passé composé* der reflexiven Verben ▸ § 33

§ 30 Der Gebrauch des Präsens

Der Gebrauch des französischen ***présent*** entspricht weitgehend dem des deutschen Präsens.

1. – Qu'est-ce que tu **lis** ?
   – Je **lis** des annonces.

   – Was **liest** du?
   – Ich **lese** Anzeigen.

2. Luc **aime** la musique. Tous les soirs, quand il **rentre**, il **met** le casque et **écoute** sa musique préférée.

   Luc mag Musik. Jeden Abend, wenn er nach Hause **kommt**, **setzt** er den Kopfhörer **auf** und **hört** seine Lieblingsmusik.

3. – Quand est-ce que tu **pars** ?
   – Je **pars** demain matin et je **rentre** samedi soir.

   – Wann **fährst** du **ab**?
   – Ich **fahre** morgen früh und **komme** Samstagabend **zurück**.

R Man benutzt das ***présent*** wie das deutsche Präsens, wenn man **Geschehnisse der Gegenwart** (1.) oder **zeitlose Gewohnheiten** bzw. **allgemein gültige Aussagen** ausdrücken will (2.). Das ***présent*** kann sich auch auf die Zukunft beziehen, wenn **ein zukünftiges Geschehen** als **fest geplant** oder **sicher** gilt (3.).

§ 31 Der Imperativ (Befehlsform)

Regard**e** cette photo. — Schau dieses Foto an.

Travaill**ons** ensemble ! — Arbeiten wir zusammen!/Lass(t) uns ...!

Ne mang**ez** pas trop de viande ! — Essen Sie/Esst nicht zu viel Fleisch!

Dor**s** bien. — Schlaf gut.

All**ons** boire un verre ! — Gehen wir etwas trinken/Lass(t) uns ...!

N'attend**ez** plus. — Warten Sie/Wartet nicht mehr.

R Die Endungen der Imperative der Verben auf ***-er*** lauten ***-e***, ***-ons***, ***-ez***.
Die Endungen der Imperative der Verben auf ***-ir***, ***-dre*** und der meisten unregelmäßigen Verben lauten ***-s***, ***-ons***, ***-ez***.
Die Verneinungswörter ***ne... pas*** oder ***ne ...plus*** umschließen das Verb.

! Die Imperative von ***avoir*** und ***être*** sind unregelmäßig:

avoir		être	
Aie...	[ɛ]	Sois...	[swa]
Ayons...	[ɛjõ]	Soyons...	[swajõ]
Ayez...	[ɛje]	Soyez...	[swaje]

Zur Stellung der Pronomen beim Imperativ ▸ §19 (1.d)

§ 32 Das *passé composé* – Die Bildung

Das *passé composé* („zusammengesetzte Vergangenheit“) wird aus zwei Elementen gebildet, dem Hilfsverb und dem Partizip Perfekt (*participe passé*).

Qu'est-ce que Marc **a fait** hier ?	Was hat Marc gestern gemacht?
Il **est allé** chez un copain.	Er ist zu einem Freund gegangen.

R Die meisten Verben bilden das ***passé composé*** aus einer Präsensform des Hilfsverbs ***avoir*** und dem ***participe passé*** des Verbs.
Einige Verben bilden das ***passé composé*** mit **être** und dem ***participe passé*** des Verbs.

1. Die regelmäßigen Verben

	Infinitiv		participe passé
Loïc **a donné** une lettre à son père.	donn**er**	→	donn**é**
Puis il **est parti**.	part**ir**	→	part**i**
Son père **a réfléchi**.	réfléch**ir**	→	réfléch**i**
A la fin de la journée, il lui **a répondu**.	répon**dre**	→	répond**u**

-er → -é
-ir → -i
-dre → -u

R Die Verben auf ***-er*** bilden das ***participe passé*** auf ***-é***,
die Verben auf ***-ir*** bilden es auf ***-i*** und die Verben auf ***-dre*** auf ***-u***.

2. Einige unregelmäßige Verben

avoir	j'ai	**eu**	
être	j'ai	**été**	
lire	j'ai	**lu**	-u
boire	j'ai	**bu**	-u
croire	j'ai	**cru**	-u
savoir	j'ai	**su**	-u
devoir	j'ai	**dû**	-u
pouvoir	j'ai	**pu**	-u
recevoir	j'ai	**reçu**	-u

voir	j'ai	**vu**	-u
vouloir	j'ai	**voulu**	-u
vivre	j'ai	**vécu**	-u
faire	j'ai	**fait**	-t
dire	j'ai	**dit**	-t
écrire	j'ai	**écrit**	-t
mettre	j'ai	**mis**	-is
prendre	j'ai	**pris**	-is
ouvrir	j'ai	**ouvert**	-ert

Weitere unregelmäßige Verben mit ihrem *participe passé* ▸ **S. 99 ff.**
Zur Stellung der Verneinung in zusammengesetzten Zeiten ▸ **§ 54**
Zur Stellung der Pronomen in zusammengesetzten Zeiten ▸ **§ 19 (1.a)**

3. Die Angleichung des *participe passé* in Verbindung mit *avoir*

1. – Vous avez lu l'annonce ?
   – Oui, nous **l'**avons lu**e**.
2. Voilà les photos **que** j'ai montré**es**.
3. **Combien de** pizzas est-ce que vous avez fait**es** ?
   Quels sandwichs est-ce que tu as acheté**s** ?

R Bei den zusammengesetzten Zeiten mit *avoir* verändert sich das *participe passé* nur dann, wenn ihm ein **direktes Objekt vorausgeht**. Dieses direkte Objekt kann sein:
- ein **direktes Objektpronomen**: *me, te, la, l', les, nous, vous* (1.)
- das **Relativpronomen *que/qu'*** (2.) oder
- das Fragewort ***combien de/d'*** + **Nomen** oder ***quelle/quels/quelles*** + **Nomen** (3.)

Das *participe passé* richtet sich dann in Genus (Geschlecht) und Numerus (Zahl) **nach dem direkten Objekt**.

§ 33 Das *passé composé* mit *être*

Folgende Verben bilden das *passé composé* mit ***être***. Bei den meisten Verben handelt es sich um Verben, die eine **Bewegung** ausdrücken.

	aller	gehen	**monter**	hinaufgehen		
	(re)venir	(zurück)kommen	**descendre**	hinuntergehen		
	arriver	ankommen	**rester**	bleiben	**devenir**	werden
être ▶	**entrer**	eintreten	**tomber**	fallen	**naître**	geboren werden
	rentrer	(zurück)kommen, heimgehen	**sortir**	hinausgehen, ausgehen	**mourir**	sterben
	retourner	zurückkehren	**partir**	weggehen, abfahren		
	(re)passer	(wieder) vorbeigehen, -fahren, -kommen				

Die Angleichung des *participe passé* in Verbindung mit *être*

Die Regeln zur **Angleichung des *participe passé*** gelten für **alle zusammengesetzten Zeiten**: *passé composé, plus-que-parfait* (▶ § 38) und *conditionnel passé* (▶ § 46).

Hier, **Luc**	est	rentré	de Paris.	–	♂
Zoé	est	arrivé**e**	en retard.	-e	♀
Les **amis**	sont	resté**s**	à la maison.	-s	♂♂
Mardi, **Marc** et **Sylvie**	sont	parti**s**	pour Arles.	-s	♂♀
Samedi, **Rose** et **Lucie**	sont	allé**es**	à Paris.	-es	♀♀

R Bei den zusammengesetzten Zeiten mit ***être*** richtet sich das ***participe passé*** in **Genus** (Geschlecht) und **Numerus** (Zahl) nach dem **Subjekt** des Satzes.

! Wenn die Pronomen ***je***, ***tu***, ***nous*** und ***vous*** Subjekt des Satzes sind, muss man darauf achten, **welche Personen** durch die Pronomen ersetzt werden.

Manon : « Je suis parti**e** à dix heures. »
Farid et Alex : « Hier, nous sommes rentré**s** à une heure. »
Béa et Lucie : « Samedi soir, nous sommes allé**es** au cinéma. »
Luc à Mme René : « Vous êtes allé**e** au marché hier ? »
Luc et Cathy : « Ce week-end, nous sommes resté**s** à la maison. »

Wenn ***on*** für ***nous*** steht, ist eine Angleichung vorzunehmen.

Hugo et Mathieu : « On est allé**s** au Portugal. »
Sophie et Emma : « On est parti**es** en Espagne. »

! Auch die **reflexiven Verben** bilden das *passé composé* mit *être*.

Marc s'est fâch**é**.
Pauline s'est occupé**e** de son grand-père.
Rose et Naïma se sont bien débrouillé**es**.
Eric et Carole se sont reposé**s**.

§34 Das *passé composé* – Der Gebrauch

Chloé : « Hier matin, je **suis allée** au marché. J'**ai acheté** des carottes, et puis j'**ai vu** Théo. »

Sarah : « Et après ? Tu lui **as parlé** ? »

Chloé : « Mais oui. Il m'**a** même **proposé** de prendre un café avec lui.
On **a discuté** un peu et on **a décidé** de se revoir. »

> **R** Das *passé composé* wird für **abgeschlossene Handlungen** und **Vorgänge/Ereignisse in der Vergangenheit** verwendet *(Was geschah gestern, heute Morgen …?)*. **Handlungsketten**, d.h. Handlungen, die nacheinander stattgefunden haben, stehen ebenfalls im *passé composé (Was geschah dann? Wie ging es weiter?)*.

§35 Das *imparfait* – Die Bildung

1. Pers. Pl. Präsens	→	***imparfait***	
		j'	all**ais**
		tu	all**ais**
aller :	→	il, elle, on	all**ait**
nous **all**ons		nous	all**ions**
		vous	all**iez**
		ils, elles	all**aient**

Ebenso:			
parler :	nous **parl**ons	→	je parl**ais**
acheter :	nous **achet**ons	→	j'achet**ais**
préférer :	nous **préfér**ons	→	je préfér**ais**
payer :	nous **pay**ons	→	je pay**ais**
attendre :	nous **attend**ons	→	j'attend**ais**
sortir :	nous **sort**ons	→	je sort**ais**
finir :	nous **finiss**ons	→	je finiss**ais**

> **R** Das ***imparfait*** wird aus dem Stamm der **1. Person Plural Präsens** des Verbs abgeleitet. An den Stamm hängt man die Endungen ***-ais***, ***-ais***, ***-ait***, ***-ions***, ***-iez***, ***-aient***.

! Es gibt nur ganz wenige Ausnahmen:

être : nous sommes → j'**ét**ais
falloir : il faut → il **fall**ait
pleuvoir : il pleut → il **pleuv**ait

! Achten Sie auf die besondere Schreibweise bei den Verben auf ***-ger*** und ***-cer***:

manger: nous mang**e**ons → je mang**e**ais

aber: → nous mang**i**ons
→ vous mang**i**ez

R Bei Verben auf ***-ger*** wird durch das eingeschobene ***-e*** vor den Vokalen ***a*** und ***o*** die Aussprache [ʒ] erhalten.

Zu den anderen Verben auf *-ger* ▸ S. 98

commencer: nous commen**ç**ons → je commen**ç**ais

aber: → nous commen**ci**ons
→ vous commen**ci**ez

R Bei Verben auf ***-cer*** wird durch das **ç** (*c cédille*) vor den Vokalen ***a*** und ***o*** die Aussprache [s] erhalten.

Zu den anderen Verben auf *-cer* ▸ S. 98

§ 36 Das *imparfait* – Der Gebrauch

Quand Naïma **était** petite, elle **lisait** beaucoup.	Als Naïma klein war, las sie viel.
Elle **restait** dans sa chambre pendant des heures.	Sie blieb stundenlang in ihrem Zimmer.
Une fois par semaine, elle **allait** à un cours de théâtre.	Einmal in der Woche ging sie zu einem Theaterkurs.

R Das *imparfait* beschreibt **Zustände** bzw. **Begleitumstände** und **gewohnheitsmäßige Handlungen** in der Vergangenheit (*Wie war es damals? Was geschah häufig oder regelmäßig?*).

§ 37 Der Gebrauch des *imparfait* und des *passé composé*

1. *Imparfait* und *passé composé* in Hauptsätzen

imparfait		**passé composé**	
Wie war es damals? Was geschah regelmäßig?	Quand Bruno **était** étudiant, il **habitait** chez sa grand-mère à Paris. Tous les matins, elle lui **faisait** son petit-déjeuner.		
Welche Situation lag vor? (Hintergrundinformation)	Mais sa chambre **était** trop petite.		
		Un jour, il **a commencé** à chercher une colocation.	Ein einzelnes Ereignis wird herausgegriffen (Was geschah an diesem Tag?) und es wird der Reihe nach erzählt, was passiert ist (Handlungskette).
Wie waren die Umstände?	Ce n'**était** pas facile. A cette époque, il n'y en **avait** pas beaucoup.		
		Enfin, il **a lu** une annonce très intéressante et il **a téléphoné** au propriétaire.	Wie ging es weiter? (Handlungskette)
Was war schon? (Situationsbeschreibung)	Mais c'**était** trop tard.		
		Après cela, il **a pris** le métro pour aller à la fac. Là, il **a vu** deux étudiantes.	Was geschah dann? (Handlungskette)
Was taten sie gerade? (Situationsbeschreibung)	Elles **parlaient** de leur appartement.		
		Il **a** tout de suite **compris** :	Was geschah dann? (Handlungskette)
Worüber sprachen sie gerade? (Hintergrundinformation)	elles **cherchaient** un nouveau coloc.		
		Quelle chance ! Il **s'est présenté** aux deux filles et leur **a expliqué** son problème. Et deux jours plus tard, il **a pu** installer son lit dans sa nouvelle chambre.	Und wie ging es dann weiter? (Handlungskette)

Man kann fragen:

imparfait	passé composé
Was geschah oft oder regelmäßig? Was war (schon/noch)? Was war gerade?/Wie war es?	Was geschah/passierte einmal/an diesem Tag? Was geschah plötzlich/unerwartet? Was geschah/passierte dann? Und dann?
zeitlich nicht begrenzt	**zeitlich begrenzt**

R Im ***Imparfait*** stehen **Begleitumstände**, **Hintergrundinformationen**, **Situationsbeschreibungen** und **sich wiederholende Handlungen**. Sie werden als **zeitlich nicht begrenzt** angesehen. Mit dem ***Passé composé*** werden **einmalige Handlungen** und **Handlungsketten** ausgedrückt. Sie werden als **zeitlich begrenzt** angesehen.

! Die folgenden Wörter sind neben anderen meist ein Signal dafür, welche Zeit man verwenden muss:

imparfait	passé composé
comme toujours, souvent, tous les matins/soirs, chaque matin/soir	alors, un jour, d'abord, tout à coup, ce matin/soir, puis, ensuite, cette fois, enfin

2. *Imparfait* und *passé composé* in Satzgefügen (Haupt- und Nebensatz)

1. J'**étais** en train de lire le journal quand j'**ai vu** une annonce pour une Renault Clio.
   Comme j'**aimais** bien la marque, j'**ai** tout de suite **pris** rendez-vous avec le propriétaire.
2. Pendant que je **faisais** le tour de la voiture, le propriétaire **parlait** des options.
3. Après, je **suis monté** dans la Renault, qui **était** en très bon état, et je **suis parti**.
4. Quand j'**ai roulé** un peu, j'**ai testé** les freins et j'**ai décidé** de l'acheter.

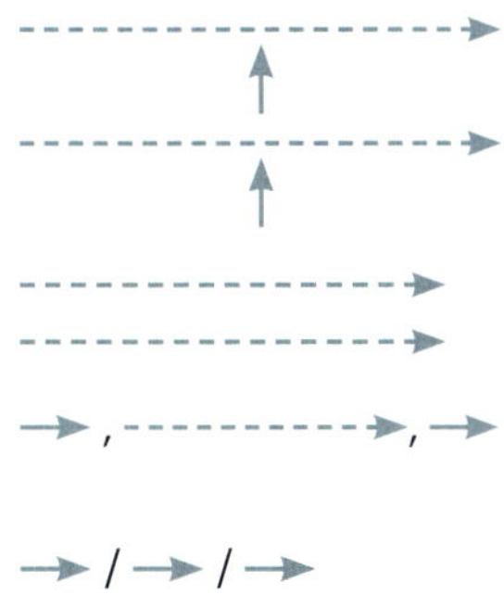

R
1. Tritt in eine **sich im Verlauf befindliche Handlung** (-------➤ ***imparfait***) oder in eine **Zustandsbeschreibung** (***imparfait***) eine **neue Handlung** (—➤) ein, so steht diese im ***passé composé***.
2. Wenn Haupt- und Nebensatz **gleichzeitig/parallel verlaufende Handlungen** ausdrücken, stehen beide im ***imparfait.***
3. Relativsätze sind meist **beschreibende Ergänzungen** oder **Erklärungen** und stehen daher im ***imparfait***.
4. Folgen in einem Satzgefüge **mehrere Handlungen aufeinander**, dann stehen alle Handlungen im ***passé composé***.

! Im Nebensatz mit ***pendant que*** steht als Zeit der Vergangenheit immer das ***imparfait***:
Pendant qu'on **discutait** le prix, mon portable a sonné.

Zum Haupt- und Nebensatz ▸ § 63 (2.)

§ 38 Das *plus-que-parfait* – Die Bildung

mit *avoir*		
j'	avais	parlé
tu	avais	chanté
il/elle/on	avait	fini
nous	avions	eu
vous	aviez	dormi
ils/elles	avaient	été

mit *être*		
j'	étais	arrivé/arrivée
tu	étais	parti/partie
il/elle/on	était	allé/allée
nous	étions	venus/venues
vous	étiez	sortis/sorties
ils/elles	étaient	entrés/entrées

R Das ***plus-que-parfait*** wird gebildet aus dem ***imparfait*** von ***avoir*** oder ***être*** und dem ***participe passé*** des jeweiligen Verbs.

Für die Wahl von *avoir* oder *être* und für die Angleichung des *participe passé* gelten dieselben Regeln wie beim *passé composé* (▸ §§ 32, 33).

Zur Stellung der Verneinung in zusammengesetzten Zeiten ▸ § 54
Zur Stellung der Pronomen in zusammengesetzten Zeiten ▸ § 19 (1.a)

§ 39 Das *plus-que-parfait* – Der Gebrauch

Hier, nous avons fêté l'anniversaire de Zoé. — Gestern haben wir Zoés Geburtstag gefeiert.

Avant, on **s'était retrouvés** chez Xavier — Vorher **hatten** wir uns bei Xavier **getroffen**

et on **avait fait** un gâteau. — und **hatten** einen Kuchen **gebacken**.

R Das ***plus-que-parfait*** bezeichnet Vergangenes, das schon **vor einem Geschehen** (*passé composé*) oder **Zustand** (*imparfait*) **der Vergangenheit abgeschlossen** (= Vorvergangenheit) war (*Was war vorher schon geschehen?*).

§ 40 Das *passé simple*

Le petit Chaperon rouge

Il était une fois une adorable petite fille que tout le monde aimait. Une fois, sa grand-mère lui **donna** un petit chaperon de velours rouge et la fillette le **trouva** si joli, il lui allait si bien, qu'elle ne **voulut** plus porter autre chose et qu'on l'**appela** le Petit Chaperon rouge.

Das ***passé simple*** ist eine Zeitform der Vergangenheit, die **nur in der geschriebenen Sprache** verwendet wird, z. B. in Romanen, Märchen und Erzählungen.
Es reicht aus, wenn Sie die Formen des *passé simple* beim Lesen wieder erkennen, Sie müssen sie nicht aktiv verwenden.

	parler	**sortir**	**entendre**
j(e)	parl**ai**	sort**is**	entend**is**
tu	parl**as**	sort**is**	entend**is**
il, elle, on	parl**a**	sort**it**	entend**it**
nous	parl**âmes**	sort**îmes**	entend**îmes**
vous	parl**âtes**	sort**îtes**	entend**îtes**
ils, elles	parl**èrent**	sort**irent**	entend**irent**

Einige unregelmäßige Verben:

avoir	il/elle/on **eut**,	ils/elles	**eurent**	**prendre**	il/elle/on **prit**,	ils/elles	**prirent**
être	il/elle/on **fut**,	ils/elles	**furent**	**mettre**	il/elle/on **mit**,	ils/elles	**mirent**
faire	il/elle/on **fit**,	ils/elles	**firent**	**courir**	il/elle/on **courut**,	ils/elles	**coururent**
voir	il/elle/on **vit**,	ils/elles	**virent**	**vouloir**	il/elle/on **voulut**,	ils/elles	**voulurent**
venir	il/elle/on **vint**,	ils/elles	**vinrent**	**pouvoir**	il/elle/on **put**,	ils/elles	**purent**

§ 41 Das *futur composé* – Die Bildung

je	**vais**	+ **Infinitiv**
tu	**vas**	
il/elle/on	**va**	
nous	**allons**	
vous	**allez**	
ils/elles	**vont**	

L'été prochain, je **vais aller** aux Etats-Unis.
Nächsten Sommer werde ich in die USA fahren.

Qu'est-ce que tu **vas faire** après les vacances ?
Was wirst du nach den Ferien machen?

Je **ne vais pas travailler** à Paris.
Ich werde nicht in Paris arbeiten.

R Das ***futur composé*** wird mit einer **Präsensform** von ***aller*** und dem **Infinitiv des Verbs** gebildet.

Zur Stellung der Verneinung in zusammengesetzten Zeiten ▸ § 54
Zur Stellung der Pronomen in zusammengesetzten Zeiten ▸ § 19 (1.b)

§ 42 Das *futur simple* – Die Bildung

Neben dem ***futur composé*** (dem „zusammengesetzten Futur" ▸ § 41) gibt es im Französischen mit dem ***futur simple*** (dem „einfachen Futur") eine weitere Zukunftsform.

1. Regelmäßige Bildung

	parler
je	parler **ai**
tu	parler **as**
il, elle, on	parler **a**
nous	parler **ons**
vous	parler **ez**
ils, elles	parler **ont**

	répondre
je	répondr **ai**
tu	répondr **as**
il, elle, on	répondr **a**
nous	répondr **ons**
vous	répondr **ez**
ils, elles	répondr **ont**

	partir
je	partir **ai**
tu	partir **as**
il, elle, on	partir **a**
nous	partir **ons**
vous	partir **ez**
ils, elles	partir **ont**

R Das ***futur simple*** wird gebildet, indem man an das ***-r*** des Infinitivs die Endungen ***-ai***, ***-as***, ***-a***, ***-ons***, ***-ez***, ***-ont*** anhängt.

Die **Endungen** des *futur simple* kann man sich gut merken, wenn man an die Formen von ***avoir*** denkt.

! Im *futur simple* wird **das -*e*- des Infinitivs** [ə] ausgesprochen wie bei *demain*.
Bei manchen Sprechern ist es kaum oder gar nicht zu hören:
je parlerai → [ʒəpaʀl(ə)ʀɛ]

2. Besonderheiten

Bei **Verben auf *-er*** mit **zwei verschiedenen Stämmen** im Präsens wird das *futur simple* von der 1. Person Singular abgeleitet und ein ***-r* vor die Endung** eingeschoben:

acheter	→	j' achète	→	j' achète **rai**	[ʒaʃɛtʀɛ]
préférer	→	je préfère	→	je préfère **rai**	[ʒəpʀefɛʀʀɛ]
appeler	→	j' appelle	→	j' appelle **rai**	[ʒapɛlʀɛ]
payer	→	je paie	→	je paie **rai**	[ʒəpɛʀɛ]

Zu weiteren Verben auf *-er* mit zwei verschiedenen Stämmen ▸ S. 97/98

3. Sonderformen

Mit einfachem *-r*			Mit doppeltem *r*			Mit eingeschobenem *-d*		
avoir	→	j'aurai	**voir**	→	je verrai	**venir**	→	je viendrai
savoir	→	tu sauras	**pouvoir**	→	tu pourras	**vouloir**	→	tu voudras
être	→	il sera	**envoyer**	→	il enverra	**il faut (falloir)**	→	il faudra
faire	→	nous ferons	**mourir**	→	elle mourra			
devoir	→	vous devrez	**courir**	→	nous courrons			
aller	→	ils iront						
pleuvoir	→	il pleuvra						

§ 43 Der Gebrauch des *futur simple* und des *futur composé*

- Qu'est-ce que tu **vas faire** ce soir ?
- Je **vais rester** à la maison. Je **regarderai** un film à la télé.

- Was machst du heute Abend?
- Ich bleibe zu Hause. Ich schaue mir einen Film im Fernsehen an.

R Wenn man im Französischen von einem **zukünftigen Geschehen** spricht, verwendet man im Gegensatz zum Deutschen in der Regel die **Zukunftsform** (*futur simple* oder *futur composé*). Im Deutschen verwendet man in diesen Fällen meist das Präsens.

! In der **geschriebenen Sprache** wird das ***futur simple*** bevorzugt:

Chère Marie,
Je **serai** à la gare à 13 h 15.
Je te **présenterai** à mes collègues à 14 h.
Cordialement, Pierre

Liebe Marie,
ich bin (werde … sein) um 13 Uhr 15 am Bahnhof. Ich stelle (werde … vorstellen) dich meinen Kollegen um 14 Uhr vor.

In der **gesprochenen Sprache** sind die beiden Zeiten in vielen Fällen austauschbar.

§ 44 Das *conditionnel présent* – Die Bildung

1. Regelmäßige Bildung

	parler
je	parler **ais**
tu	parler **ais**
il, elle, on	parler **ait**
nous	parler **ions**
vous	parler **iez**
ils, elles	parler **aient**

	répondre
je	répondr **ais**
tu	répondr **ais**
il, elle, on	répondr **ait**
nous	répondr **ions**
vous	répondr **iez**
ils, elles	répondr **aient**

	partir
je	partir **ais**
tu	partir **ais**
il, elle, on	partir **ait**
nous	partir **ions**
vous	partir **iez**
ils, elles	partir **aient**

R Das ***conditionnel présent*** wird gebildet, indem man an das ***-r*** des Infinitivs die Endungen ***-ais***, ***-ais***, ***-ait***, ***-ions***, ***-iez***, ***-aient*** anhängt.

Das *conditionnel présent* wird genauso abgeleitet wie das *futur simple*. Die Endungen sind dieselben wie beim *imparfait*.

Im *conditionnel présent* wird **das -e- des Infinitivs** [ə] ausgesprochen wie bei *demain*. Bei manchen Sprechern ist es kaum oder gar nicht zu hören.
*je parle**r**ais* → [ʒəpaʀl(ə)ʀɛ]

2. Besonderheiten

Bei **Verben auf *-er*** mit **zwei verschiedenen Stämmen** im Präsens wird das *conditionnel présent* von der 1. Person Singular abgeleitet und ein ***-r*** **vor die Endung** eingeschoben:

acheter	→	j'	achète	→	j'	achète	**rais**	[ʒaʃɛtʀɛ]
préférer	→	je	préfère	→	je	préfère	**rais**	[ʒəpʀefɛʀʀɛ]
appeler	→	j'	appelle	→	j'	appelle	**rais**	[ʒapɛlʀɛ]
payer	→	je	paie	→	je	paie	**rais**	[ʒəpɛʀɛ]

Zu weiteren Verben auf *-er* mit zwei verschiedenen Stämmen ▸ S. 97/98

3. Sonderformen

Mit einfachem *-r*	Mit doppeltem *r*	Mit eingeschobenem *-d*
avoir → j'aurais	**voir** → je verrais	**venir** → je viendrais
savoir → tu saurais	**pouvoir** → tu pourrais	**vouloir** → tu voudrais
être → il serait	**envoyer** → il enverrait	**il faut (falloir)** → il faudrait
faire → nous ferions	**mourir** → elle mourrait	
devoir → vous devriez	**courir** → nous courrions	
aller → ils iraient		
pleuvoir → il pleuvrait		

§45 Das *conditionnel présent* – Der Gebrauch

– Après mon stage, j'**aimerais** faire mes études en Allemagne.	… möchte ich …	**Wunsch**
– Ce **serait** une bonne expérience pour toi.	Das wäre …	**Vermutung**
A ta place, j'**irais** à Berlin.	… würde ich …	**Ratschlag**
Tu **pourrais** habiter chez mon frère.	Du könntest …	**Möglichkeit**
– Super ! Tu **pourrais** me donner son adresse ?	Könntest du …?	**höfliche Bitte**

R Mit dem *conditionnel présent* kann man einen **Wunsch**, eine **Vermutung**, einen **Ratschlag**, eine **Möglichkeit** oder eine höfliche **Bitte** ausdrücken.

Zur Verwendung des *conditionnel présent* im *si*-Satz ▸ §64 (2.)
Zur Verwendung des *conditionnel présent* in der indirekten Rede ▸ §74 (2.)

§46 Das *conditionnel passé* – Die Bildung

j'	aurais	parlé
tu	aurais	chanté
il/elle/on	aurait	fini
nous	aurions	eu
vous	auriez	dormi
ils/elles	auraient	été

je	serais	arrivé/arrivée
tu	serais	parti/partie
il/elle/on	serait	allé/allée
nous	serions	venus/venues
vous	seriez	sortis/sorties
ils/elles	seraient	entrés/entrées

R Das ***conditionnel passé*** wird aus dem ***conditionnel présent*** der Verben ***avoir*** oder ***être*** und dem ***participe passé*** des jeweiligen Verbs gebildet.

Zur Wahl von *avoir* oder *être* und zur Angleichung des *participe passé* ▸ §31
Zur Stellung der Verneinung in zusammengesetzten Zeiten ▸ §54
Zur Stellung der Pronomen in zusammengesetzten Zeiten ▸ §19 (1.a)

§ 47 Das *conditionnel passé* – Der Gebrauch

J'**aurais dû** mettre le gâteau au frigo ! — Ich hätte den Kuchen in den Kühlschrank stellen sollen!

Goliath **ne serait pas allé** dans la cuisine et **n'aurait pas vu** le gâteau. — Goliath wäre nicht in die Küche gegangen und hätte den Kuchen nicht gesehen.

> **R** Mit dem ***conditionnel passé*** drückt man aus, dass ein **Geschehen in der Vergangenheit hätte stattfinden können**, aber tatsächlich **nicht stattgefunden hat**.

Zur Verwendung des *conditionnel passé* im *si*-Satz ▸ **§ 64 (3.)**
Zur Verwendung des *conditionnel passé* in der indirekten Rede ▸ **§ 74 (2.)**

§ 48 Der *subjonctif* – Die Bildung

1. Regelmäßige Bildung

Infinitiv	**3. Pers. Pl. Präsens**	→	***subjonctif***		
parler	ils **parl**ent		je	parl	**e**
attendre	ils **attend**ent		tu	attend	**es**
choisir	ils **choisiss**ent	**il faut que/qu'**	il, elle, on	choisiss	**e**
dormir	ils **dorm**ent		nous	dorm	**ions**
mettre	ils **mett**ent		vous	mett	**iez**
écrire	ils **écriv**ent		ils/elles	écriv	**ent**

> **R** Der ***subjonctif*** steht in Nebensätzen, die mit ***que*** eingeleitet werden.
> Bei fast allen Verben wird der ***subjonctif*** abgeleitet vom **Stamm der 3. Person Plural Präsens**. Die Endungen lauten ***-e***, ***-es***, ***-e***, ***-ions***, ***-iez***, ***-ent***. Die *subjonctif*-Formen der **1. und 2. Person Plural** entsprechen den Formen des ***imparfait***.

Diese Regel gilt für fast alle **regelmäßigen** und **unregelmäßigen Verben**. Hier einige Beispiele:

donner			**acheter**		
ils donnent	→	que je donne	ils achètent	→	que j'achète
nous donnions	→	que nous donnions	nous achetions	→	que nous achetions
vous donniez	→	que vous donniez	vous achetiez	→	que vous achetiez
Ebenso: alle regelmäßigen Verben auf *-er*			**Ebenso:** se lever, emmener …		

appeler			**prendre**		
ils appellent	→	que j'appelle	ils prennent	→	que je prenne
nous appelions	→	que nous appelions	nous prenions	→	que nous prenions
vous appeliez	→	que vous appeliez	vous preniez	→	que vous preniez
Ebenso: (se) rappeler …			**Ebenso:** apprendre, comprendre		

voir			**venir**		
ils voient	→	que je voie	ils viennent	→	que je vienne
nous voyions	→	que nous voyions	nous venions	→	que nous venions
vous voyiez	→	que vous voyiez	vous veniez	→	que vous veniez
Ebenso: essayer, payer, envoyer …			**Ebenso:** devenir, revenir		

recevoir			**dire**		
ils reçoivent	→	que je reçoive	ils disent	→	que je dise
nous recevions	→	que nous recevions	nous disions	→	que nous disions
vous receviez	→	que vous receviez	vous disiez	→	que vous disiez
Ebenso: devoir			**Ebenso:** lire		

2. Sonderformen

	avoir		**être**		**pouvoir**	**savoir**	**faire**
que je/j'	**aie**	[ɛ]	**sois**	[swa]	**puisse**	**sache**	**fasse**
que tu	**aies**	[ɛ]	**sois**	[swa]	**puisses**	**saches**	**fasses**
qu'il/elle/on	**ait**	[ɛ]	**soit**	[swa]	**puisse**	**sache**	**fasse**
que nous	**ayons**	[ɛjõ]	**soyons**	[swajõ]	**puissions**	**sachions**	**fassions**
que vous	**ayez**	[ɛjɛ]	**soyez**	[swaje]	**puissiez**	**sachiez**	**fassiez**
qu'ils/elles	**aient**	[ɛ]	**soient**	[swa]	**puissent**	**sachent**	**fassent**

	aller		**vouloir**	
que je/j'	**aille**	[aj]	**veuille**	[vœj]
que tu	**ailles**	[aj]	**veuilles**	[vœj]
qu'il/elle/on	**aille**	[aj]	**veuille**	[vœj]
que nous	**allions**	[aljõ]	**voulions**	[vuljõ]
que vous	**alliez**	[alje]	**vouliez**	[vulje]
qu'ils	**aillent**	[aj]	**veuillent**	[vœj]

Weitere unregelmäßige Verben mit ihren *subjonctif*-Formen ▸ S. 99 ff.

§ 49 Der *subjonctif* – Der Gebrauch

Für den ***subjonctif*** gibt es im Deutschen keine Entsprechung.
Folgende Sätze zeigen den grundsätzlichen Unterschied zwischen dem **Indikativ** (= die Wirklichkeitsform) und dem ***subjonctif***:

Rose **part** demain.	***Tatsache*** (Rose reist morgen ab.)	→ **Indikativ**
Je ne suis pas content que Rose **parte** demain.	***Einstellung des Sprechers dazu*** (Ich bin nicht zufrieden, dass Rose abreist.)	→ ***subjonctif***

Die **Einstellung des Sprechers** kann durch verschiedene Verben und Ausdrücke wiedergegeben werden, nach denen im Nebensatz mit ***que*** meist automatisch der ***subjonctif*** steht. Diese ***subjonctif*-Auslöser** kann man in verschiedene Gruppen einteilen:

1. Forderung und Notwendigkeit

Vous **voulez qu'**on **reconnaisse** nos droits ?
Wollt ihr, dass man unsere Rechte anerkennt?

Alors **il faut que** nous **fassions** grève.
Dann **müssen wir** streiken.

R Der *subjonctif* steht nach Verben und Ausdrücken der **Forderung** und der **Notwendigkeit**.

Verben und Ausdrücke dieser Gruppe sind z. B.:

il faut que	man muss	**vouloir que**	wollen, dass
il suffit que	es genügt, dass	**demander que**	bitten/fordern/verlangen, dass

2. Wertung und Gefühle

C'est super que tu **aies** une nouvelle copine.	**Es ist super, dass** du eine neue Freundin hast.
Je suis content que tu **viennes** me voir avec elle.	**Ich freue mich, dass** du mich mit ihr besuchen kommst.
Mais j'ai peur que cette histoire d'amour **finisse** mal.	Aber **ich habe Angst, dass** diese Liebesgeschichte schlecht ausgeht.

R Der *subjonctif* steht nach Verben und Ausdrücken, die eine **persönliche Wertung** oder **Gefühle** wiedergeben.

Zu diesen Verben und Ausdrücken gehören unter anderem:

avoir peur que	Angst haben, dass	**il est.../c'est.../trouver...**	
détester que	verabscheuen, dass	**bien que**	gut, dass
regretter que	bedauern, dass	**génial que**	genial, dass
c'est une chance que	es ist ein Glück, dass	**super que**	super, dass
ça m'énerve que	es regt mich auf, dass	**bête que**	dumm, dass
ça m'étonne que	es wundert mich, dass	**bizarre que**	komisch, dass
être... content(e) que	zufrieden sein, dass	**dommage que**	schade, dass
triste que	traurig sein, dass	**important que**	wichtig, dass
étonné(e) que	erstaunt sein, dass	**normal que**	normal, dass
déçu(e) que	enttäuscht sein, dass	**nécessaire que**	notwendig, dass

! Nach **Verben und Ausdrückens des Denkens und Meinens** wie ***penser que*** (denken, dass), ***croire que*** (glauben, dass), ***savoir que*** (wissen, dass), ***être sûr que*** (sicher sein, dass) und ***trouver que*** (finden, dass) steht der **Indikativ**.

Je **pense que** tu **as** raison. Et je **trouve que** ton idée **est** bonne.

3. Wunsch, Bitte, Vorschlag

Mes parents **préfèrent que** nous ne **sortions** pas ce soir.
Meine Eltern **mögen lieber, dass** wir heute Abend nicht ausgehen.

La mère de Noé **voudrait qu'**il **ait** de meilleures notes.
Noés Mutter **möchte, dass** er bessere Noten hat.

Le père de Yann et Léa **souhaite qu'**ils **fassent** du sport.
Der Vater von Yann und Léa **wünscht, dass** sie Sport machen.

R Der *subjonctif* steht nach Verben und Wendungen, die einen **Wunsch**, eine **Bitte** oder einen **Vorschlag** ausdrücken.

Verben und Ausdrücke dieser Gruppe sind z. B.:

préférer que	vorziehen/lieber mögen, dass	**aimer mieux que**	lieber mögen
vouloir que	wollen, dass	**avoir envie que**	Lust darauf haben, dass
souhaiter que	wünschen, dass	**proposer que**	vorschlagen, dass

! Nach ***espérer que*** steht der **Indikativ** (meistens das *futur simple*).

J'**espère** qu'il **fera** beau demain.
Ich hoffe, dass es morgen schön wird.

! Der ***subjonctif*** steht nur, wenn Haupt- und Nebensatz (*que*-Satz) **unterschiedliche Subjekte** haben. Bei nur **einem Subjekt** benutzt man den **Infinitiv**.

Le prof n'aime pas que **nous soyons** en retard.
Le prof n'aime pas **perdre** de temps.

zwei Subjekte	→	***subjonctif***
ein Subjekt	→	**Infinitiv**

4. Der *subjonctif* nach Konjunktionen

Donne-moi ton numéro de portable **pour que** je **puisse** te rappeler.
Gib mir deine Handynummer, **damit** ich dich zurückrufen kann.

Nous nous occuperons de votre chien **jusqu'à ce que** vous **rentriez** de vacances.
Wir werden uns um Ihren/euren Hund kümmern, **bis** Sie/ihr vom Urlaub zurück sind/seid.

Mon collègue a travaillé toute la journée **bien qu'**il **soit** malade.
Mein Kollege hat den ganzen Tag gearbeitet, **obwohl** er krank ist.

R Nach folgenden **Konjunktionen** steht immer der *subjonctif*:

pour que (damit)
avant que (bevor)
jusqu'à ce que (bis)
sans que (ohne dass)
bien que (obwohl)

§ 50 Das *gérondif* – Die Bildung

préparer	finir	attendre	faire
nous **prépar**ons	nous **finiss**ons	nous **attend**ons	nous **fais**ons
en prépar**ant**	**en** finiss**ant**	**en** attend**ant**	**en** fais**ant**

R Das ***gérondif*** setzt sich zusammen aus der Präposition ***en*** und einer **Verbform**.
Diese wird gebildet aus dem **Stamm der 1. Person Plural Präsens** und der Endung ***-ant***.
Das ***gérondif*** ist **unveränderlich**.

! Es gibt drei Sonderformen: **être** → **en étant** **avoir** → **en ayant** **savoir** → **en sachant**

! Beachten Sie die Besonderheiten in der Schreibung bei den Verben auf ***-cer*** und ***-ger*** :
commencer → en commen**ç**ant [ɑ̃kɔmɑ̃sɑ̃] manger → en mang**e**ant [ɑ̃mɑʒɑ̃]

§ 51 Das *gérondif* – Der Gebrauch

Beim *gérondif* handelt es sich um eine Verbform, die es im Deutschen nicht gibt.
Es dient dazu, **Sätze zu verkürzen**. Das *gérondif* hat unterschiedliche Bedeutungen:

1. Gleichzeitigkeit

En faisant les courses, Lucie a rencontré une copine.	**Pendant que** **Lucie** **faisait** les courses, **elle** a rencontré une copine.	**Während** Lucie einkaufte, hat sie eine Freundin getroffen.
En rangeant sa chambre, Marc écoute de la musique.	**Quand** **Marc** **range** sa chambre, **il** écoute de la musique.	**Wenn** Marc sein Zimmer aufräumt, hört er Musik.

2. Bedingung

En acceptant cette offre, tu pourrais gagner beaucoup d'argent.	**Si** **tu** **acceptais** cette offre, **tu** pourrais gagner beaucoup d'argent.	**Wenn** du dieses Angebot akzeptieren würdest, könntest du viel Geld verdienen.

3. Art und Weise

J'ai obtenu mon nouveau poste **en écrivant** une lettre de motivation originale.	**J**'ai obtenu mon nouveau poste **comme ça/de la façon suivante** : **j'ai écrit** une lettre de motivation originale.	Ich habe meine neue Stelle bekommen, **indem** ich einen originellen Bewerbungsbrief geschrieben habe.

R Das ***gérondif*** kann eine **Gleichzeitigkeit** (1), eine **Bedingung** (2) oder eine **Art und Weise** (3) ausdrücken. Das *gérondif* kann nur verwendet werden, wenn es sich in beiden Satzteilen um das **gleiche Subjekt** handelt.

§52 Das *participe présent* – Die Bildung

préparer	finir	attendre	faire
nous **prépar**ons	nous **finiss**ons	nous **attend**ons	nous **fais**ons
prépar**ant**	finiss**ant**	attend**ant**	fais**ant**

R Das ***participe présent*** wird aus dem **Stamm der 1. Person Plural Präsens** und der Endung ***-ant*** gebildet. Es ist **unveränderlich**.

! Es gibt drei Sonderformen: **être** → **étant** **avoir** → **ayant** **savoir** → **sachant**

! Beachten Sie die Besonderheiten in der Schreibung bei den Verben auf ***-cer*** und ***-ger*** :
commencer → commen**ç**ant [kɔmɑ̃sɑ̃] manger → mang**e**ant [mɑʒɑ̃]

§53 Das *participe présent* – Der Gebrauch

Ne parlant pas bien anglais, Pierre n'a pas obtenu le poste.

Comme Pierre ne parle pas bien anglais, il n'a pas obtenu le poste.

Da Pierre nicht gut Englisch spricht, hat er die Stelle nicht bekommen.

Nous cherchons un collaborateur **sachant** bien parler allemand et anglais.

Nous cherchons un collaborateur **qui sait** bien parler allemand et anglais.

Wir suchen einen Mitarbeiter, **der** gut Deutsch und Englisch sprechen kann.

R Mit dem ***participe présent*** kann man vor allem **Kausalsätze** (*comme/parce que*) und **Relativsätze mit *qui*** ersetzen. Das ***participe présent*** kommt hauptsächlich im **Schriftlichen** vor.

Die Verneinung

§ 54 Die Verneinungswörter und ihre Stellung

Um im Französischen einen Satz zu verneinen, braucht man in der Regel **zwei** Verneinungselemente.

– Nina ne dit pas bonjour à Alex.	**ne... pas**	nicht
– Mais elle lui parle **encore** ? – Non, elle ne lui parle plus.	**ne... plus**	nicht mehr
– Alex va organiser **quelque chose** pour l'anniversaire de Nina ? – Non, il ne va rien organiser.	**ne... rien**	nichts
– Nina a rencontré **quelqu'un** d'autre ? – Non, elle n'a rencontré personne.	**ne... personne**	niemand
– Alex est **déjà** rentré chez lui ? – Non, il n'est pas encore rentré.	**ne... pas encore**	noch nicht
– Nina est **toujours** comme ça avec les garçons ? – Non, elle n'est jamais comme ça !	**ne... jamais**	nie(mals)

Auch bei einer **Einschränkung** sind zwei Verneinungselemente nötig:

Alex a dit à Nina : « Je n'aime que toi ! »	**ne... que**	nur

R Die Verneinung besteht in der Regel aus **zwei Verneinungselementen.**
Sie **umschließen** das **konjugierte Verb** wie eine Klammer.
Das ***ne*** steht fast immer unmittelbar nach dem Subjekt.
Vor **Vokal** und **stummem *h*** wird ***ne*** zu ***n'*** verkürzt.

! **Aber:** Das Verneinungswort ***personne*** steht **nach** dem ***participe passé*** und **nach** dem **Infinitiv**.

Je n'ai **vu** personne.
Je ne veux **voir** personne.

! Die Franzosen sprechen das ***ne*** häufig verkürzt aus: Je ne vois rien. [ʒənvwaʀjɛ̃]
In der Umgangssprache lassen sie es oft weg: Je _ sais **pas**.

! In kurzen Sätzen **ohne Verb** steht nie ein ***ne***:

Qu'est-ce qu'il y a ? – **Rien**.
Tu fais tes devoirs ? – Non, **pas** maintenant.

! Die Verneinung mit ***ne… pas***, ***ne… plus*** und ***ne… rien*** lässt sich durch das Hinzufügen von ***du tout*** verstärken:

Nina **n'**aime **pas du tout** le gâteau de Meike.	überhaupt nicht
Ce journal, on **ne** le lit **plus du tout**.	überhaupt nicht mehr
Je **ne** vois **rien du tout**.	überhaupt nichts

! Das Deutsche „**auch nicht**" entspricht im Französischen *(ne… pas…)* ***non plus***:

Moi, je n'y vais pas. – Je **n'**y vais **pas non plus**./Moi **non plus**.
Ich gehe **auch nicht** hin./Ich **auch nicht**.

! Bei ***ne… que*** steht ***que*** vor dem Wort, auf das es sich bezieht: Je **ne** fais du sport **que** le week-end.

Zum verneinten Satz mit Objektpronomen ▸ §19 (1.c)

§55 *rien* und *personne* als Subjekt

Rien ne va plus.
Nichts geht mehr.

Rien ne dérange le jeu.
Nichts stört das Spiel.

Personne ne parle.
Niemand spricht.

R Als Subjekt stehen ***rien ne*** und ***personne ne*** geschlossen vor dem Verb. Nach dem Verb steht **kein *pas***.

§56 Die Verneinung + direktes Objekt

Vous organisez **une** fête?	Non, nous **n'**organisons **pas de** fête.	… **kein** Fest.
Rose fait **des** photos ?	Non, elle **ne** fait **pas de** photos.	… **keine** Fotos.
Tu as acheté **du** fromage ?	Non, je **n'**ai **pas** acheté **de** fromage.	… **keinen** Käse …
Nous prenons **de la** bière ?	Non, nous **ne** prenons **pas de** bière.	… **kein** Bier …
On a encore **de l'**eau ?	Non, on **n'**a **plus d'**eau.	… **kein** Wasser mehr.

R Wenn das **direkte Objekt** (*Wen?* oder *Was?*) im **bejahenden Satz** einen **unbestimmten Artikel** (*un, une, des*) oder den **Teilungsartikel** (*du, de la, de l'*) bei sich hat, so steht im **verneinenden Satz** nur ***de/d'*** **+ Nomen**.

! Bei **Ausdrücken ohne Begleiter** vor dem Nomen steht nach der Verneinung **weder** ein **Begleiter noch** ein ***de***:

Vous avez _ peur ? – Non, je **n'**ai **pas** _ peur.

! Nach **verneintem *être*** steht **derselbe Begleiter** wie im **bejahenden** Satz:

C'**est une** Peugeot ? – Non, ce **n'est pas une** Peugeot, c'est une Renault.
Ce **sont des** journaux ? – Non, ce **ne sont pas des** journaux, ce sont des prospectus.

! Nach ***aimer***, ***adorer***, ***préférer*** und ***détester*** steht auch im verneinten Satz immer der **bestimmte Artikel**.

Tu aimes **le** vin ? – Non, je **n'**aime **pas le** vin.

§ 57 Die Verneinung mit *ne... ni... ni...*

Je vous présente mon nouveau copain.

Il **n'**est **ni** grand **ni** sportif. — Er ist **weder** groß **noch** sportlich.

Et il **n'**aime **ni** le tennis **ni** le foot. — Und er mag **weder** Tennis **noch** Fußball.

Mais il est super !

R ***ne... ni... ni...*** (weder ... noch) dient zur Verneinung von **zwei Nomen** oder **zwei Adjektiven**. ***ne...*** steht **vor dem Verb**, ***ni... ni...*** **vor den beiden Nomen oder Adjektiven**, die verneint werden. Nach dem Verb steht **kein *pas***.

Die Adverbien

Mit **Adjektiven** (▸ **Kapitel 2**) beschreibt man **Eigenschaften** von Menschen oder Sachen. Um zu beschreiben, **wie** jemand etwas macht oder auf **welche Weise** etwas passiert, benutzt man **Adverbien**. Im Gegensatz zum Adjektiv ist das Adverb **unveränderlich**.

Im Französischen gibt es **abgeleitete** und **ursprüngliche** Adverbien:
- Die Adverbien auf ***-ment*** werden von einem Adjektiv abgeleitet (*direct* → *directement*).
- Die **ursprünglichen** Adverbien haben keine besondere Endung (*hier, aujourd'hui, ici, là, bien, mal, peu, assez*).

Adverbien können je nach ihrer **Bedeutung** im Satz in unterschiedliche Gruppen eingeteilt werden:

Adverbien der **Zeit**	hier, aujourd'hui, demain, maintenant, déjà, souvent
Adverbien des **Ortes**	ici, là, là-bas, partout
Adverbien der **Art und Weise**	bien, mal, vite, ensemble, rapidement, parfaitement
Adverbien der **Menge**/des **Grades**	peu, assez, beaucoup, trop, très, plus, moins
Satzadverbien	finalement, heureusement

§ 58 Die Bildung der Adverbien auf *-ment*

Während sich im Deutschen Adjektiv und Adverb häufig nicht unterscheiden, haben die abgeleiteten Adverbien im Französischen (und auch im Englischen) eine eigene Form.

Adjektiv	Vous êtes **sûr** ?	Are you **sure**?	Sind Sie **sicher**?
Adverb	C'est **sûrement** une erreur !	It's **surely** a mistake.	Das ist **sicher** ein Irrtum.

1. Regelmäßige Bildung

Adjektiv		**Adverb**
m.	f.	
parfait	parfait**e**	parfait**e**ment
sûr	sûr**e**	sûr**e**ment
direct	direct**e**	direct**e**ment
dernier	derni**ère**	derni**ère**ment
effectif	effecti**ve**	effecti**ve**ment
long	long**ue**	long**ue**ment
heureux	heur**euse**	heur**euse**ment
bizarr**e**	bizarre	bizarr**e**ment
simpl**e**	simple	simpl**e**ment
libr**e**	libre	libr**e**ment
vra**i**	vraie	vra**i**ment
jol**i**	jolie	jol**i**ment
absol**u**	absolue	absol**u**ment
spontan**é**	spontanée	spontan**é**ment

R Die meisten Adverbien werden vom Adjektiv abgeleitet, indem man an die **feminine Form** des Adjektivs die Endung ***-ment*** anhängt.
Bei Adjektiven, die im Maskulinum **auf Vokal** enden (*bizarre*, *vrai* …), wird an die **maskuline Form** des Adjektivs die Endung ***-ment*** angehängt.

2. Besonderheiten

a) Adjektive auf *-ant*/*-ent*

Adjektiv		**Adverb**
indépend**ant**	indépendante	indépend**amment** [ɛ̃depɑ̃damɑ̃]
différ**ent**	différente	différ**emment** [difeʀamɑ̃]

R Adjektive, die auf ***-ant*** oder ***-ent*** enden, bilden das Adverb auf ***-amment*** oder ***-emment***.

b) Sonderformen

Adjektiv		Adverb
gentil	gentille	gentiment
énorme	énorme	énormément
bref	brève	brièvement
bon	bonne	**bien**
mauvais	mauvaise	**mal**
meilleur	meilleure	**mieux**

§ 59 Die Funktion der Adverbien

Das Adverb bestimmt näher:

1. J'ai **complètement** oublié notre présentation.	ein **Verb**	Ich habe unsere Präsentation **völlig** vergessen.
2. Cette réunion est **vraiment** ennuyeuse !	ein **Adjektiv**	Diese Besprechung ist **wirklich** langweilig
3. La stagiaire travaille **très** bien.	ein **Adverb**	Die Praktikantin arbeitet **sehr** gut.
4. **Dernièrement**, on a visité l'entreprise CosmiBio.	einen **ganzen Satz**	**Vor kurzem** haben wir die Firma CosmiBio besichtigt.

R Wie im Deutschen und im Englischen dient das Adverb auch im Französischen zur genaueren Bestimmung eines **Verbs** (1.), eines **Adjektivs** (2.), eines weiteren **Adverbs** (3.) oder eines **ganzen Satzes** (4.).

§ 60 Die Stellung der Adverbien

1. Adverbien der Zeit (Zeitpunkt oder zeitliche Abfolge) und des Ortes

Farid a fait des courses **hier**. — Farid ist **gestern** einkaufen gegangen.

Aujourd'hui, il fait la cuisine. — **Heute** kocht er.

D'abord, il prépare une pizza. **Puis**, il lave la salade et **après**, il veut faire un gâteau au chocolat. — **Zuerst** bereit er eine Pizza vor. **Dann** wäscht er den Salat und **danach** will er einen Schokoladenkuchen machen.

Il demande à sa mère où est la recette. Elle lui répond : « **Ici**, dans ce carnet… ou dans la boîte, **là-bas**. » — „**Hier** in diesem Heftchen … oder in der Schachtel **dort**."

R Am **Anfang** oder am **Ende** des Satzes stehen in der Regel:
- **Adverbien der Zeit**, die einen **Zeitpunkt** (*hier*, *aujourd'hui*) oder eine **zeitliche Abfolge** (*d'abord*, *puis*, *après*) angeben,
- **Adverbien der Ortes**, die angeben, **wo** (*ici*, *là-bas*) sich jemand oder etwas befindet bzw. **wohin** sich jemand begibt.

! Anders als im Deutschen können die **Adverbien**, die einen **Zeitpunkt** oder eine **zeitliche Abfolge** angeben und die **Adverbien des Ortes** im Französischen **niemals** zwischen Hilfsverb und *participe passé* bzw. zwischen konjugiertem Verb und Infinitiv stehen.

🇫🇷	🇩🇪
Alex est parti **aujourd'hui**.	Alex ist **heute** weggefahren.
Nina va faire un stage **ici**.	Nina wird **hier** ein Praktikum machen.

2. Adverbien, die eine unbestimmte Zeit, eine Menge, einen Grad oder die Art und Weise einer Handlung ausdrücken

Manon téléphone **souvent**. — Manon telefoniert **oft**.

Alex n'a pas **beaucoup** dormi. — Alex hat nicht **viel** geschlafen.

Karim travaille **trop**. — Er arbeitet **zu viel**.

Nina sait **bien** parler allemand. — Nina kann **gut** Deutsch sprechen.

Luc a **complètement** oublié le rendez-vous. — Luc hat die Verabredung **völlig** vergessen.

R Meist **hinter der konjugierten Verbform** stehen Adverbien, die
- eine **unbestimmte Zeit** (*souvent*),
- eine **Menge** (*beaucoup*),
- einen **Grad** (*trop*) oder
- die **Art und Weise** (*bien*, *complètement*) einer Handlung ausdrücken.

! In **zusammengesetzten Zeiten** (*futur composé, passé composé, plus-que-parfait* etc.) können die **abgeleiteten Adverbien** auch **nach dem *participe passé* oder dem Infinitiv** stehen:

Nina a **facilement** appris l'allemand./Nina a appris **facilement** l'allemand.
Nina sait **parfaitement** parler allemand./Nina sait parler **parfaitement** allemand.

! ***tôt***, ***tard*** und ***ensemble*** stehen immer **nach dem *participe passé* oder dem Infinitiv**:

Manon est rentrée **tard** samedi soir.
Nous devons partir **ensemble** ce matin.

3. Satzadverbien

Heureusement, on a gagné le match.	**Zum Glück** haben wir das Spiel gewonnen.
Normalement, on perd toujours.	**Normalerweise** verlieren wir immer.

R Beziehen sich die Adverbien **auf einen ganzen Satz**, stehen sie in der Regel am **Satzanfang** und werden durch **Komma** abgetrennt.

Zusammenfassung

Adverbien des **Ortes**	ici, là, là-bas, partout, à droite, à gauche… →	Meist am **Anfang** oder am **Ende** des Satzes (*puis*: nie am Satzende).
Adverbien, die einen **Zeitpunkt** oder eine **zeitliche Abfolge** angeben	aujourd'hui, demain, hier, maintenant… après, avant, d'abord, puis, ensuite, enfin, à la fin… →	
Adverbien der **unbestimmten Zeit**	toujours, souvent, déjà, longtemps, longuement, régulièrement, tout de suite, tout à coup, tard, tôt… →	Meist **hinter der konjugierten Verbform.**
Adverbien der **Menge** und des **Grades**	beaucoup, énormément, peu, trop, très, assez… →	
Adverbien der **Art und Weise**	absolument, certainement, sûrement, facilement, difficilement, seulement, simplement, correctement, vraiment, complètement, gentiment, vite, rapidement, lentement, bien, mal… →	Abgeleitete Adverbien auch **nach dem *participe passé*** oder **dem Infinitiv**.
Satzadverbien	heureusement, normalement, finalement… →	Fast immer am **Anfang** des Satzes.

§ 61 Die Steigerung der Adverbien

1. Regelmäßige Bildung

Die Steigerung der Adverbien und der Adjektive (▶ §12) sind sehr ähnlich:

Komparativ/Vergleich	+ = –	***plus*** ***aussi*** ***moins***	+	**Adverb**	+	***que/qu'***
Superlativ	++ – –	***le plus*** ***le moins***	+	**Adverb**	+	***(de/d')***

Avec ce livre, je comprends **plus facilement** la grammaire **qu'**avec les autres livres. — + leichter als

Avec un CD-ROM, on peut apprendre une langue **aussi vite qu'**en cours. — = genauso schnell wie

Mais seul, je travaille **moins régulièrement qu'**avec un prof. — – weniger regelmäßig als

Dans ma classe, c'est Nina qui va **le plus souvent** en France. — ++ am häufigsten

En français, c'est elle qui fait **le moins souvent** de fautes (de tous les élèves de la classe). — – – am seltensten

> **R** Der **Komparativ (erste Steigerungsstufe)** des Adverbs wird mit ***plus… que***, ***aussi… que*** oder ***moins… que*** gebildet.
> Der **Superlativ (höchste Steigerungsstufe)** des Adverbs wird mit ***le … plus (de/d')*** oder ***le moins… (de/d')*** gebildet.

2. Sonderformen

	Komparativ	Superlativ
bien	mieux/moins bien	le mieux/le moins bien
beaucoup	plus	le plus
peu	moins	le moins

C'est moi qui aime **le plus** les desserts. — ++ am meisten

Et à mon avis, c'est mon père qui les fait **le mieux**. — ++ am besten

Par exemple, il fait **mieux** les tartes **que** ma mère. — + besser als

Ma mère aime **moins** ses desserts **que** les tartes de mon père. — – weniger als

C'est elle qui fait **le moins bien** les desserts. — – – am schlechtesten/am wenigsten gut

Der Satz

In diesem Kapitel geht es um verschiedene Formen des bejahenden Aussagesatzes.

Zum Imperativsatz ▸ §31
Zum verneinten Satz ▸ Kapitel 6
Zum Fragesatz ▸ Kapitel 9

§62 Der einfache Satz

Subjekt *Wer?* oder *Was?*	**Verb**	**Objekt**	
Les étudiants	cherchent	un appartement.	→ direktes Objekt *Was?* oder *Wen?*
Ils	ont écrit	à un propriétaire.	→ indirektes Objekt *Wem?*

🇫🇷	Le propriétaire	montre	l'appartement	aux étudiants.
🇩🇪	Der Eigentümer	zeigt	den Studenten	die Wohnung.

R Im Französischen gilt – wie im Englischen – die **S-V-O-Regel**:
Erst das Subjekt, dann das Verb, danach das Objekt.
Das **direkte Objekt** steht in der Regel **vor** dem **indirekten Objekt**.

Zu den Verben mit direktem und indirektem Objekt ▸ S. 105 ff.

🇫🇷	**Aujourd'hui,**	ils	ont	rendez-vous	**avec le propriétaire.**
🇩🇪	Heute	haben	sie	einen Termin	mit dem Eigentümer.
🇫🇷	**A 15 heures,**	ils	visitent	un appartement	**dans la rue Terme.**
🇩🇪	Um 15 Uhr	besichtigen	sie	eine Wohnung	in der rue Terme

R **Adverbiale Bestimmungen** der Zeit, des Ortes, der Umstände … (*Wann? Wo? Wie?*) können sowohl am **Satzende** als auch am **Satzanfang** stehen.
Das **Subjekt** steht auch dann **vor dem Verb**, wenn der Satz mit einer adverbialen Bestimmung beginnt.

Zur Stellung der Pronomen im Satz ▸ §19

§ 63 Der komplexe Satz

Wenn ein **einfacher Satz** durch einen anderen Satz **erweitert wird**, spricht man von einem **komplexen Satz**.

1. Aneinanderreihung von Hauptsätzen

Zwei Hauptsätze werden durch **nebenordnende Konjunktionen** (Bindewörter) verbunden.

On est lundi	**et**	il est huit heures du matin.	**und**
Jérôme s'est bien reposé,	**pourtant**	il est fatigué.	**dennoch/ trotzdem**
Il voudrait encore dormir,	**mais**	il doit se lever.	**aber**
Il va prendre un bon café,	**sinon**	il ne va pas être en forme.	**ansonsten/ sonst**
Il a un rendez-vous à neuf heures,	**c'est pourquoi**	il doit se dépêcher.	**deshalb**
Il ne veut pas arriver en retard,	**car**	c'est un rendez-vous important.	**denn**
Il va rester dans son service	**ou**	il va partir.	**oder**
Il ne veut pas changer de service,	**donc**	il va discuter avec son chef.	**also**

2. Hauptsatz und Nebensatz

Hauptsätze und Nebensätze werden meistens durch **unterordnende Konjunktionen** verbunden, die unterschiedliche Funktionen haben:

a) Begründung

Jérôme se dépêche **parce qu**'il est en retard

Comme Jérôme est en retard, il se dépêche.

parce qu(e)	**da/weil (Satzmitte)**
comme	**da/weil (Satzanfang)**

b) Zeitlicher Bezug

Quand Jérôme arrive au bureau, il dit bonjour à ses collègues.

Pendant qu'il range ses affaires, le chef l'appelle dans son bureau.

On ne s'amuse plus au travail **depuis que** le nouveau chef est là.

Aujourd'hui, Jérôme va rester au bureau **jusqu'à ce que** sa copine vienne le chercher.

quand	**wenn/als**
pendant qu(e)	**während**
depuis qu(e)	**seit(dem)**
jusqu'à ce qu(e) (+ *subjonctif* ▸ § 49)	**bis**

c) Absicht

Jérôme et ses collègues font tout **pour que** le chef soit content.

pour qu(e) (+ *subjonctif* ▸ §49)	**damit**

d) Einräumung

Bien que Jérôme ait déjà de très bons résultats, le chef lui demande de les améliorer.

bien qu(e) (+ *subjonctif* ▸ §49)	**obwohl**

e) Bedingung

Si Jérôme change de service, il ne travaillera plus avec ses collègues.

Même s'il change de service, il aimera toujours son travail.

si	**wenn**
même s(i)	**selbst wenn/ auch wenn**

R Die **Wortstellung** im Nebensatz ist die gleiche wie im Hauptsatz: **S-V-O**.
Nur wenn der **Nebensatz** am **Satzanfang** steht, setzt man ein **Komma**.
Je nach Konjunktion steht das **Verb des Nebensatzes** im **Indikativ** oder im ***subjonctif***.

Im Relativsatz wird der Nebensatz durch ein Relativpronomen eingeleitet. ▸ §§20, 21, 22

§64 Der Bedingungssatz

Nebensatz: **Bedingung**	Hauptsatz: **Folge**	
Si tu montes avec moi dans le grand huit,	(alors) je ferai un tour de train fantôme avec toi.	Wenn/Falls du mit mir in die Achterbahn kommst, (dann) fahre ich eine Runde Geisterbahn mit dir.

R Im Bedingungssatz drückt der **Nebensatz** eine **Bedingung** aus und wird mit der Konjunktion ***si*** (wenn/falls) eingeleitet. Vor ***il*** wird ***si*** zu ***s'***. Der **Hauptsatz** drückt die **Folge** aus.

1. Erfüllbare Bedingung

		↔		
🇫🇷	***si + présent → futur simple*** Bedingung Folge	↔	🇬🇧	***if + simple present → future***

Si tout **se passe** bien,	Paul **arrivera** à la gare vers deux heures.	Wenn/Falls alles gut geht, kommt Paul gegen zwei Uhr am Bahnhof an.
S'il n'**est** pas trop fatigué,	on **pourra** lui montrer la ville.	Wenn/Falls er nicht zu müde ist, können wir ihm die Stadt zeigen.

R Wenn die Erfüllung der Bedingung als **möglich** oder **wahrscheinlich** angesehen wird, steht im ***si*-Satz** das ***présent***, im **Hauptsatz** in der Regel das ***futur simple***.

! Wenn die Folge **sofort** verwirklicht wird,
kann im Hauptsatz auch das ***présent*** stehen : Si tu veux, on **part** tout de suite.
Auch der **Imperativ** kann verwendet werden: Si tu es malade, **reste** au lit.

2. Unwahrscheinliche oder unmögliche Bedingung

		↔		
🇫🇷	***si + imparfait → conditionnel présent*** Bedingung Folge	↔	🇬🇧	***if + simple past → conditional simple***

1. S'il **travaillait** bien,	il **aurait** des bonnes notes.	Wenn/Falls er gut arbeiten würde, würde er gute Noten bekommen.
2. Si elle **était** plus jeune,	elle **ferait** un stage en France.	Wenn/Falls sie jünger wäre, würde sie ein Praktikum in Frankreich machen.

R Wenn die Erfüllung der Bedingung als möglich, aber **unwahrscheinlich** (1.) angesehen wird oder **unmöglich** (2.) ist, steht im ***si*-Satz** das ***imparfait***, im **Hauptsatz** das ***conditionnel présent***.

3. Nicht mehr erfüllbare Bedingung

		↔		
🇫🇷	***si + plus-que-parfait → conditionnel passé*** Bedingung Folge	↔	🇬🇧	***if + simple past perfect → conditional perfect***

Si j'**avais regardé** l'heure,	je **serais parti(e)** plus tôt.	Wenn ich auf die Uhr geschaut hätte, wäre ich früher losgegangen.
Si je **m'étais dépêché(e)**,	je n'**aurais** pas **raté** le train.	Wenn ich mich beeilt hätte, hätte ich den Zug nicht verpasst.

R Wenn sich die Erfüllung der Bedingung auf die **Vergangenheit** bezieht und **nicht mehr möglich** ist, steht im ***si*-Satz** das ***plus-que-parfait***, im **Hauptsatz** das ***conditionnel passé***.

Zusammenfassung

Nebensatz: Bedingung	Hauptsatz: Folge	Erfüllung der Bedingung
si + présent	***futur (présent, impératif)***	– möglich/wahrscheinlich
si + imparfait	***conditionnel présent***	– möglich, aber unwahrscheinlich – unmöglich (Gegenwart)
si + plus-que-parfait	***conditionnel passé***	– unmöglich (Vergangenheit)

! Wie im Deutschen kann der Bedingungssatz auch nach dem Hauptsatz stehen. Wenn der Hauptsatz vorangeht, steht im Französischen **kein** Komma:

Tu peux prendre mon vélo **si** tu veux. — Du kannst mein Rad nehmen, **wenn** du willst.

! Das Wort ***si*** hat auch andere Bedeutungen:

- In der **indirekten Frage** bedeutet es **ob.** ▸ §73 (1.)
  Im Gegensatz zur indirekten Frage steht bei Bedingungssätzen **im *si*-Satz nie das *futur* oder das *conditionnel*.**

Indirekte Frage (*si* = ob)	**Bedingung** (*si* = wenn/falls)
Théo demande **si** Julie **viendra**.	Théo sera content **si** Julie **vient**.
Théo a demandé **si** Julie **viendrait**.	Théo serait content **si** Julie **venait**.

- Es kann auch ***doch*** bedeuten:
  Tu ne m'écoutes pas ? – **Si**, je t'écoute.

! Bei der Übersetzung des deutschen **wenn** muss man im Französischen zwischen ***si*** **(Bedingung)** und ***quand*** **(zeitlicher Bezug)** entscheiden.

Zeitlicher Bezug	wenn = sobald/jedes Mal, wenn	→ **quand**
Bedingung	wenn = falls	→ **si**

Kann man **wenn** durch **sobald/jedes Mal, wenn** ersetzen, steht ***quand***.
Kann man es durch **falls** ersetzen, muss ***si*** verwendet werden.

Quand Sarah rentre chez elle, elle appelle sa copine Alice : — **Jedes Mal, wenn ...**
– Salut, Alice ! **Si** tu as envie, on peut aller boire un verre, ce soir. — **Falls...**
– Je suis encore au travail. Je t'appelle **quand** je rentre. — **...sobald ...**

§ 65 Die Infinitivsätze mit *pour, avant de*, sans, *après avoir/être*

Zwei Sätze, die **das gleiche Subjekt** haben, können miteinander verbunden werden durch:

- ***pour, avant de, sans*** **+ Infinitiv**
- ***sans/après*** **+ Infinitiv der Vergangenheit**

So kann man einen Hauptsatz und einen Nebensatz oder zwei Hauptsätze zu einem Satz verkürzen.
Wie im Deutschen kann der Infinitivsatz vor oder nach dem Hauptsatz stehen.
Wenn der Hauptsatz vorangeht, steht im Französischen **kein** Komma.

Zum Haupt- und Nebensatz ▸ § 63 (2.)

1. Infinitivsätze mit *pour* (um … zu)

pour			+	**Infinitiv**
pour	+	***ne pas/ne plus*** ***ne rien/ne jamais***	+	**Infinitiv**

Lucie est partie en vacances. **Elle** veut se reposer.
→ Lucie est partie en vacances **pour se reposer**.
… um sich zu erholen.

Elle s'est levée très tôt parce qu'**elle ne** voulait **pas** rater son train.
→ Elle s'est levée très tôt **pour ne pas rater son train**.
… um ihren Zug nicht zu verpassen.

R In den Infinitivsätzen mit ***pour*** werden die **Verneinungselemente geschlossen vor den Infinitiv** gesetzt.

! Bei ***ne… personne*** stehen die **Verneinungselemente** nicht geschlossen vor dem Infinitiv, sondern sie **umschließen** ihn:

Après la fête, Nina est sortie dans la rue pour **ne** voir **personne**.

2. Infinitivsätze mit *avant de* (bevor)

avant de	+	**Infinitiv**

Chloé a loué un gîte. Avant, **elle** s'était renseignée sur Internet.
→ **Avant de louer** un gîte, Chloé s'était renseignée sur Internet.
Bevor sie eine Ferienunterkunft gemietet hat …

Elle a visité le village, puis **elle** s'est baignée.
→ Elle a visité le village **avant de se baigner**.
…bevor sie gebadet hat.

3. Infinitivsätze mit *sans* (ohne … zu)

sans			+	**Infinitiv**
sans	+	***avoir/être***	+	***participe passé***
		Infinitiv der Vergangenheit		

Alex est très fatigué, mais **il** ne sait pas pourquoi.
→ Alex est très fatigué **sans savoir** pourquoi.
… ohne zu wissen warum.

Manon continue à travailler.
Elle n'a pas mangé.
→ Manon continue à travailler **sans avoir mangé**.
… ohne gegessen zu haben.

Nina a quitté la fête.
Elle ne s'est pas amusée.
→ Nina a quitté la fête **sans s'être amusée**.
… ohne sich amüsiert zu haben.

R Den „**Infinitiv der Vergangenheit**" bildet man mit ***avoir*** oder ***être*** und dem ***participe passé***. Wie beim *passé composé* mit *être* richtet sich beim Infinitiv der Vergangenheit mit ***être*** das ***participe passé*** nach dem **Subjekt** des Hauptsatzes.

Für die Wahl von *avoir* oder *être* und für die Angleichung des *participe passé* gelten diesselben Regeln wie beim *passé composé*. ▸ § 33

4. Infinitivsätze mit *après* (nachdem)

après	+	***avoir/être***	+	***participe passé***
		Infinitiv der Vergangenheit		

Alex a lu une annonce pour une voiture d'occasion. Puis **il** a téléphoné au propriétaire.
→ **Après avoir lu** une annonce pour une voiture d'occasion, Alex a téléphoné au propriétaire.
Nachdem er eine Anzeige … gelesen hat …

Julian et ses copains sont allés au bassin d'Arcachon. Ensuite, **ils** ont fait du surf à Lacanau.
→ **Après être allés** au bassin d'Arcachon, Julian et ses copains ont fait du surf à Lacanau.
Nachdem sie zum Bassin d'Arcachon gefahren sind…

§ 66 Das Passiv

Passivsätze stellen eine Handlung aus anderer Sicht dar als Aktivsätze.
Sie betonen, **was** gemacht wird. Die **Handlung** selbst steht **im Vordergrund**.
Im Französischen wird das Passiv **selten**, meist **nur in der Schriftsprache** gebraucht.

Marc **a appelé** la police. — Marc hat die Polizei gerufen.

La police **a été appelée** par Marc. — Die Polizei wurde von Marc gerufen.

R Das Passiv wird aus einer Form von ***être*** und dem ***participe passé*** des entsprechenden Verbs gebildet. Das *participe passé* richtet sich (wie auch sonst bei *être*) in **Geschlecht** und **Zahl** nach dem **Subjekt** des Satzes.
Im Passivsatz wird das **direkte Objekt** aus dem Aktivsatz zum Subjekt.
Das Subjekt des Aktivsatzes (*Marc*) wird im Passivsatz mit ***par*** angeschlossen.

Zur Angleichung des *participe passé* ▸ § 33

Das Passiv kann in allen Zeiten und Modi vorkommen:

présent	je **suis**		**invité(e)**	ich werde/bin eingeladen
passé composé	j' **ai été**		**invité(e)**	ich bin eingeladen worden
imparfait	j' **étais**		**interrogé(e)**	ich wurde befragt
plus-que-parfait	j' **avais été**		**interrogé(e)**	ich war befragt worden
futur simple	je **serai**		**présenté(e)**	ich werde vorgestellt (werden)
conditionnel présent	je **serais**		**appelé(e)**	ich würde angerufen werden
conditionnel passé	j' **aurais été**		**appelé(e)**	ich wäre angerufen worden
subjonctif	… que je **sois**		**entendu(e)**	… dass ich gehört werde
	Tempus und Modus von ***être***	+	***participe passé***	

! Wenn der Urheber einer Handlung **unwichtig** oder **unbestimmt** ist, wird er nicht genannt:

Plus de 500 000 visiteurs **sont attendus** au festival. — Bei dem Festival werden mehr als 500 000 Besucher erwartet.

In der gesprochenen Sprache verwendet man in diesem Fall eher einen Aktivsatz mit ***on*** als Subjekt:

On attend plus de 500 000 visiteurs au festival.

Der Fragesatz

§ 67 Die Entscheidungsfrage

Eine **Entscheidungsfrage** ist eine Frage **ohne Fragewort**.
Sie wird mit ***oui*** (bzw. ***si***) oder ***non*** beantwortet.

Es gibt zwei Möglichkeiten, eine Entscheidungsfrage zu bilden:

1. Die Entscheidungsfrage mit Hilfe der Satzmelodie (Intonation)

Aussage: Nina travaille dans un restaurant.

Frage: Nina travaille dans un restaurant ? - Oui./Non.

> **R** Man bildet eine **Entscheidungsfrage**, indem man **am Ende eines Aussagesatzes die Stimme hebt**. Deshalb wird die Entscheidungsfrage auch **Intonationsfrage** genannt. Diese Frageform gehört vor allem der gesprochenen Sprache an.
> Beim Schreiben setzt man ein **Fragezeichen**.

2. Die Entscheidungsfrage mit *est-ce que*

Est-ce qu(e)	Subjekt	Verb	Ergänzung	
Est-ce que	tu	as	une voiture ?	- Oui./Non.
Est-ce qu'	elle	a trouvé	un travail ?	- Oui./Non.

> **R** Entscheidungsfragen können auch mit vorangestelltem ***est-ce que*** eingeleitet werden. Die **Wortstellung** danach ist dieselbe **wie im Aussagesatz**. Vor **Vokal** und **stummem *h*** wird ***est-ce que*** zu ***est-ce qu'***.

! Ist das Verb der Entscheidungsfrage **verneint**, lautet die **bejahte** Antwort ***si*** (*doch*).

Tu ne veux pas aller au cinéma avec moi ? - Si.

§ 68 Die Ergänzungsfrage

Eine **Ergänzungsfrage** ist eine Frage **mit Fragewort**. Die Antwort kann nicht ***oui***, ***si*** oder ***non*** lauten, sondern muss durch eine **Information** ergänzt werden.

Auch die Ergänzungsfrage kann mit ***est-ce que*** gebildet werden.

Fragewort + *est-ce qu(e)*		Subjekt	Verb	Ergänzung	
Qu'	**est-ce que**	tu	fais	samedi ?	**Was** machst du Samstag?
Pourquoi	**est-ce que**	le train	est	en retard ?	**Warum** hat der Zug Verspätung?
Où	**est-ce qu'**	elle	travaille ?		**Wo** arbeitet sie?
Où	**est-ce que**	vous	allez	en vacances ?	**Wohin** fahren Sie in Urlaub?
Comment	**est-ce que**	ce mot	se prononce ?		**Wie** spricht sich dieses Wort aus?
Quand	**est-ce que**	les vacances	commencent ?		**Wann** fangen die Ferien an?

R Bei den Ergänzungsfragen mit ***est-ce que*** steht das **Fragewort** immer **am Anfang des Satzes**. Danach bleibt die **Wortstellung wie im Aussagesatz**.

! In der **Umgangssprache** werden die Ergänzungsfragen häufig **ohne *est-ce que*** gebildet. Das **Fragewort** tritt dann **hinter** das Verb.

Tu t'appelles **comment** ?	**Wie** heißt du?
Tu viens **d'où** ?	**Woher** kommst du?
Tu vas **où** ?	**Wohin** gehst du?
Tu fais **quoi** ?	**Was** machst du?
Ils sont arrivés **quand** ?	**Wann** sind sie angekommen?
Ils sont arrivés **comment** ?	**Wie** sind sie angekommen?

! Bei kurzen Ergänzungsfragen können ***Qui…?***, ***Que…?***, ***Où…?*** am Satzanfang verwendet werden, wenn das **Subjekt** ein **Name** oder **Nomen** ist. Wie im Deutschen steht das Subjekt dann **nach** dem Verb.

Qui est cette fille ?	**Wer** ist dieses Mädchen?
Que fait Nicolas ?	**Was** macht Nicolas?
Où est Julie ?	**Wo** ist Julie?

§ 69 *Qui est-ce qui ? Qui est-ce que ? Qu'est-ce qui ? Qu'est-ce que ?*

Vorne:
Qui → Personen
Que → Sachen

Person	**Qui**	est-ce	**qui**	Subjekt	Wer?
	Qui		**que**	Objekt	Wen?
Sache	**Qu'**		**qui**	Subjekt	Was?
	Qu'		**que**	Objekt	Was?

Hinten:
qui → Subjekt
que → Objekt

1. Fragen nach Personen

Qui (est-ce **qui**) a téléphoné ?	**Wer** hat angerufen?	Subjekt
Qui est-ce **que** tu as appelé ?	**Wen** hast du angerufen?	direktes Objekt

R Mit ***Qui… ?*** oder ***Qui est-ce qui… ?*** fragt man nach **Personen**, die **Subjekt** des Satzes sind (*Wer?*).
Mit ***Qui est-ce qu(e)… ?*** fragt man nach **Personen**, die **direktes Objekt** des Satzes sind (*Wen?*).

! In der **Umgangssprache** werden die Fragen mit ***qui est-ce que*** häufig **ohne *est-ce que*** gebildet. Das **Fragewort** tritt dann **hinter** das Verb.

Vous attendez **qui** ?	Auf **wen** wartet ihr/warten Sie?

2. Fragen nach Sachen

Qu'est-ce **qui** s'est passé ?	**Was** ist passiert?	Subjekt
Qu'est-ce **que** vous avez fait ?	**Was** habt ihr gemacht?	direktes Objekt

R Mit ***Qu'est-ce qui… ?*** fragt man nach **Sachen**, die **Subjekt** des Satzes sind (*Was?*).
Mit ***Qu'est-ce qu(e)… ?*** fragt man nach **Sachen**, die **direktes Objekt** des Satzes sind (*Was?*).

§70 Fragen mit Präposition + *qui/quoi*

Präposition + *qui/quoi* + *est-ce qu(e)*

A qui	est-ce que tu penses ?	**An wen** denkst du?
Avec qui	est-ce que tu vas au cinéma ?	**Mit wem** gehst du ins Kino?
A quoi	est-ce que tu penses ?	**Woran (An was)** denkst du?
De quoi	est-ce que tu parles ?	**Wovon (Von was)** sprichst du?

R Nach einer **Präposition** steht ***qui***, wenn man nach **Personen** fragt.
Nach einer **Präposition** steht ***quoi***, wenn man nach **Sachen** fragt.

§71 Die Inversionsfrage

Bei der Inversionsfrage tauschen Subjekt und Verb den Platz. *Est-ce que* entfällt.
Dieser Fragetyp wird hauptsächlich in der geschriebenen und förmlichen Sprache benutzt.

Il prend le bus.
Prend-il le métro ou le bus ?

Elle finit son stage demain.
Quand finit-elle son stage ? Que fait-elle après ?

R Die **Inversionsfrage** benutzt man, wenn das Subjekt ein **Pronomen** ist.
Sie kann **mit** oder **ohne Fragewort** verwendet werden.
Das **Subjektpronomen** wird mit einem **Bindestrich** an das **Verb** angeschlossen.

Achten Sie auf folgende Besonderheit:

Où va-t-elle pour faire du shopping ?
Pourquoi achète-t-elle toujours des vêtements noirs ?

R Vor den **Pronomen der 3. Person Singular** (*il*, *elle* und *on*) wird zwischen Verb und Subjektpronomen ein ***-t-*** eingeschoben, wenn das Verb auf einen **Vokal** endet.
Dies erleichtert die Aussprache.

! Die Objektpronomen stehen wie im Aussagesatz **vor der konjugierten Verbform** bzw. vor dem **Infinitiv**, auf den sie sich beziehen.

Et le DRH ? Comment **l'avez-vous** trouvé ? Pourquoi vouliez-vous **le rencontrer** ?

Die indirekte Rede und die indirekte Frage

§72 Die indirekte Rede

Wenn man nicht mit einem wörtlichen Zitat wiedergeben möchte, was eine Person sagt, schreibt oder denkt, verwendet man die indirekte Rede.

Alex dit :		« **Je** ne trouve pas **mes** clés. »
Alex dit	qu'	**il** ne trouve pas **ses** clés.
Aex sagt:		„Ich finde meine Schlüssel nicht."
Alex sagt,	dass	er seine Schlüssel nicht findet.
Alex explique à Rose :		« **J'ai** regardé partout dans **notre** appartement. »
Alex explique à Rose	qu'	**il a** regardé partout dans **leur** appartement.
Alex erklärt Rose:		„Ich habe überall in unserer Wohnung gesucht."
Alex erklärt Rose,	dass	er überall in ihrer Wohnung gesucht hat.
Rose dit :		« **Je vais te** donner **ma** clé. »
Rose dit	qu'	**elle va lui** donner **sa** clé.
Rose sagt:		„Ich werde dir meinen Schlüssel geben."
Rose sagt,	dass	sie ihm ihren Schlüssel geben wird.

R Die indirekte Rede besteht aus einem Haupt- und Nebensatz.
Im **Hauptsatz** findet sich ein **redeeinleitendes Verb** (*dire, expliquer, raconter, penser …*).
Der **Nebensatz** wird durch die Konjunktion ***que*** (*dass*) eingeleitet.
Vor Vokal wird ***que*** zu ***qu'*** verkürzt. **Vor *que*** steht **kein Komma**.
Die Wortstellung im Nebensatz ist dieselbe wie in der direkten Rede;
Pronomen, **Verbformen** und **Possessivbegleiter** müssen **angeglichen** werden.

Zu den Subjekt- und Objektpronomen ▸ §§13, 14, 15, 16
Zu den Possessivbegleitern ▸ §7

! Im Gegensatz zum Englischen und Deutschen, wo man auf ***that*** bzw. ***dass*** verzichten kann, **muss** die Konjunktion ***que*** im Französischen **immer stehen**.

🇫🇷	Nina dit qu'elle ne peut pas venir aujourd'hui.
🇬🇧	Nina says ___ she cannot come today.
🇩🇪	Nina sagt, ___ sie könne heute nicht kommen.

§73 Die indirekte Frage

Man benutzt die indirekte Frage, wenn man Fragen einer anderen Person (nicht mit einem wörtlichen Zitat) wiedergeben möchte. Im Hauptsatz der indirekten Frage stehen frageeinleitende Verben wie *demander*, *vouloir savoir* …

1. Die indirekte Entscheidungsfrage (Frage ohne Fragewort)

Paul demande à Léa :	« Est-ce que **tu m'aides** à porter **mes** bagages ? »	Paul fragt Léa: „Hilfst du mir, mein Gepäck zu tragen?"
Paul demande à Léa **si**	**elle l'aide** à porter **ses** bagages.	Paul fragt Léa, ob sie ihm hilft, sein Gepäck zu tragen.
Léa veut savoir :	« **Tu** ne **peux** pas les porter seul ? »	Léa möchte wissen: „Kannst du es nicht alleine tragen?"
Léa veut savoir **s'**	**il** ne **peut** pas les porter seul.	Léa möchte wissen, ob er es nicht alleine tragen kann.

> **R** Die **indirekte Entscheidungsfrage** wird durch die Konjunktion ***si*** (*ob*) eingeleitet.
> Nur **vor *il/ils*** wird ***si*** zu ***s'*** verkürzt (***s'il/s'ils***). Vor *si* steht **kein Komma**.
> Die Wortstellung ist dieselbe wie in der direkten Frage;
> **Pronomen**, **Verbformen** und **Begleiter** müssen **angeglichen** werden.
> Das ***est-ce que*** der direkten Rede wird in der indirekten Rede **nicht verwendet**.

Zur Entscheidungsfrage ▸ §67

2. Die indirekte Ergänzungsfrage (Frage mit Fragewort)

a) nach Personen

Hugo demande à Chloé :	« **Qui (est-ce qui)** **t'**a invitée au café ? »	Hugo fragt Chloé: „Wer hat dich ins Café eingeladen?"
Hugo demande à Chloé	**qui** **l'**a invitée au café.	Hugo fragt Chloé, wer sie ins Café eingeladen hat.
Chloé veut savoir :	« **Qui est-ce que** **tu** as rencontré ? »	Chloé möchte wissen: „Wen hast du getroffen?"
Chloé veut savoir	**qui** **il** a rencontré.	Chloé möchte wissen, wen er getroffen hat.

R In der **indirekten Frage** nach **Personen** wird für **Subjekt** und **direktes Objekt** nur die Form ***qui*** (wer/wen) verwendet; ***qui*** wird **nie apostrophiert.**

Zur Frage mit *qui est-ce qui* und *qui est-ce que* ▸ **§ 69 (1.)**

b) nach Sachen

Direkte Frage		Indirekte Frage
qu'est-ce qui	→	**ce qui**
qu'est-ce que	→	**ce que**

Zoé demande à Farid :	« **Qu'est-ce qui** **te** passionne ? »	Zoé fragt Farid: „Was begeistert dich?"
Zoé demande à Farid	**ce qui** **le** passionne.	Zoé fragt Farid, was ihn begeistert.
Zoé veut savoir :	« **Qu'est-ce que** **tu** as fait ? »	Zoé will wissen: "Was hast du gemacht?"
Zoé veut savoir	**ce qu'** **il** a fait.	Zoé will wissen, was er gemacht hat.

R In der **indirekten Frage** nach **Sachen** wird für das **Subjekt *ce qui*** (*was*), für das **direkte Objekt *ce qu(e)*** (*was*) benutzt; ***ce qui*** wird nie apostrophiert.

Zur Frage mit *qu'est-ce qui* und *qu'est-ce que* ▸ **§ 69 (2.)**

c) Ergänzungsfragen mit anderen Fragewörtern

Marc demande à Anne :	« **Pourquoi est-ce que** **tu** ne viens pas ? »	Marc fragt Anne : „Warum kommst du nicht?"
Marc demande à Anne	**pourquoi** **elle** ne vient pas.	Marc fragt Anne, warum sie nicht kommt.

Anne veut savoir :	« Quand est-ce que **tu** pars en vacances ? »	Anne möchte wissen : „Wann fährst du in die Ferien?“
Anne veut savoir	quand **il** part en vacances.	Anne möchte wissen, wann er in die Ferien fährt.

> **R** **Indirekte Ergänzungsfragen mit anderen Fragewörtern** (z. B. *pourquoi, quand*) werden mit dem **gleichen Fragewort** eingeleitet wie die entsprechende **direkte Ergänzungsfrage**. ***Est-ce que*** **entfällt** in der indirekten Frage.

Zur Ergänzungsfrage ▸ § 68

§ 74 Die Zeitenfolge in der indirekten Rede und Frage

1. Das rede- bzw. frageeinleitende Verb steht im Präsens.

Direkte Rede/Frage	Indirekte Rede/Frage
Zoé dit : « J'**adore** aller au marché. »	Zoé dit qu'elle **adore** aller au marché.
Luc demande à Zoé : « Tu **as fait** les courses ? »	Luc demande à Zoé si elle **a fait** les courses.

> **R** Steht das **rede- oder frageeinleitende Verb** des Hauptsatzes im **Präsens** (*Luc dit…/Luc demande…*), dann steht das **Verb im Nebensatz** in **derselben Zeit** wie in der direkten Rede/Frage.

2. Das rede- bzw. frageeinleitende Verb steht in einer Zeit der Vergangenheit.

Direkte Rede/Frage	Indirekte Rede/Frage
Le chef a dit : « Je ne **suis** pas d'accord. »	Le chef a dit qu'il n'**était** pas d'accord.
Marie a demandé : « Qu'est-ce qui **s'est passé** ? »	Marie a demandé ce qui **s'était passé**.
Un collègue voulait savoir : « Nous **ferons** une réunion ? »	Un collègue voulait savoir s'ils **feraient** une réunion.

> **R** Steht in der indirekten Rede/Frage der **Hauptsatz** in einer **Zeit der Vergangenheit**, so ergeben sich im **Nebensatz** folgende **Zeitverschiebungen**:

Direkte Rede/Frage		**Indirekte Rede/Frage**
présent	→	*imparfait*
passé composé	→	*plus-que-parfait*
futur simple	→	*conditionnel présent*

Direkte Rede/Frage	Indirekte Rede/Frage
Ma grand-mère a raconté : « Je n'**aimais** pas mon travail à la banque. J'**avais commencé** à travailler tout de suite après le lycée. » Elle a dit : « Je **voudrais** retrouver mes copains de lycée. » Elle a expliqué aussi : « J'**aurais dû** faire des études. »	Ma grand-mère a raconté qu'elle n'**aimait** pas son travail à la banque et qu'elle **avait commencé** à travailler tout de suite après le lycée. Elle a dit qu'elle **voudrait** retrouver ses copains de lycée. Elle a expliqué aussi qu'elle **aurait dû** faire des études.

R Endet das konjugierte Verb in der direkten Rede auf ***-ais***, ***-ais***, ***-ait***, ***-ions***, ***-iez***, ***-aient***, so findet **keine Zeitverschiebung** statt:

Direkte Rede/Frage		**Indirekte Rede/Frage**
imparfait	bleibt	*imparfait*
plus-que-parfait	bleibt	*plus-que-parfait*
conditionnel présent	bleibt	*conditionnel présent*
conditionnel passé	bleibt	*conditionnel passé*

! Einige **Zeit- und Ortsangaben** ändern sich in der indirekten Rede/Frage, z. B.:

Direkte Rede/Frage			Indirekte Rede/Frage	
hier	gestern	→	**la veille**	am Vortag, tags zuvor
aujourd'hui	heute	→	**ce jour-là**	an jenem Tag
demain	morgen	→	**le lendemain**	am folgenden Tag
ici	hier	→	**là-bas**	dort

Théo a dit : « Claire est arrivée **hier**. » → Théo a dit que Claire était arrivée **la veille**.

Claire a demandé à ses copines : « Vous partirez **demain** ? » → Claire a demandé à ses copines si elles partiraient **le lendemain**.

Die Zahlen und Mengen

§75 Die Grundzahlen

Die Zahl alleine			Die Zahl als Begleiter			
			vor Konsonant		vor Vokal	
0	**zéro**	[zeʀo]				
1	**un/une**	[ɛ̃/yn]	**un** parc **une** gare	[ɛ̃paʀk] [yngaʀ]	**un**‿apprenti **une**‿équipe	[ɛ̃**n**apʀɑ̃ti] [ynekip]
2	**deux**	[dø]	deux cuisines	[døkɥizin]	deu**x**‿idées	[dø**z**ide]
3	**trois**	[tʀwa]	trois portables	[tʀwapɔʀtabl]	troi**s**‿entrées	[tʀwa**z**ɑ̃tʀe]
4	**quatre**	[kat(ʀ)]	quatre chefs	[kat(ʀə)ʃɛf]	quat**re**‿**o**ptions	[kat**ʀɔ**psjɔ̃]
5	**cinq**	[sɛ̃k]	cinq **c**entimes	[sɛ̃ksɑ̃tim]	cin**q**‿**e**uros	[sɛ̃**kø**ʀo]
6	**six**	[**sis**]	six **p**laces	[**si**plas]	si**x**‿**a**mis	[si**za**mi]
7	**sept**	[sɛt]	sept fromages	[sɛtfʀɔmaʒ]	sep**t**‿**œ**ufs	[sɛ**tø**]
8	**huit**	[**ɥit**]	huit **r**epas	[**ɥi**ʀ(ə)pa]	hui**t**‿**h**ôtels	[ɥi**to**tɛl]
9	**neuf**	[nœf]	neuf classes	[nœfklas]	neu**f**‿**a**ns	[nœ**vɑ̃**]
10	**dix**	[**dis**]	di**x** **t**ickets	[**di**tikɛ]	di**x**‿**h**eures	[di**zœ**ʀ]

R Vor Nomen, die mit einem **Konsonanten** beginnen, wird der Endkonsonant der Zahlwörter ***six***, ***huit*** und ***dix*** nicht ausgesprochen. Folgt dem Zahlwort ein Nomen, das mit **Vokal** oder **stummem *h*** beginnt, so wird das Zahlwort **gebunden**.

11	**onze**	[ɔ̃z]	26	**vingt-six**	[vɛ̃**t**sis]
12	**douze**	[duz]	27	**vingt-sept**	[vɛ̃**t**sɛt]
13	**treize**	[tʀɛz]	28	**vingt-huit**	[vɛ̃**t**ɥit]
14	**quatorze**	[katɔʀz]	29	**vingt-neuf**	[vɛ̃**t**nœf]
15	**quinze**	[kɛ̃z]	30	**trente**	[tʀɑ̃t]
16	**seize**	[sɛz]	31	**trente-et-un(e)**	[tʀɑ̃teɛ̃/yn]
17	**dix-sept**	[disɛt]	32	**trente-deux**	[tʀɑ̃tdø]
18	**dix-huit**	[dizɥit]	40	**quarante**	[kaʀɑ̃t]
19	**dix-neuf**	[diznœf]	41	**quarante-et-un(e)**	[kaʀɑ̃teɛ̃/yn]
20	**vingt**	[vɛ̃]	42	**quarante-deux**	[kaʀɑ̃tdø]
21	**vingt-et-un(e)**	[vɛ̃teɛ̃/yn]	50	**cinquante**	[sɛ̃kɑ̃t]
22	**vingt-deux**	[vɛ̃**t**dø]	51	**cinquante-et-un(e)**	[sɛ̃kɑ̃teɛ̃/yn]
23	**vingt-trois**	[vɛ̃**t**tʀwa]	52	**cinquante-deux**	[sɛ̃kɑ̃tdø]
24	**vingt-quatre**	[vɛ̃**t**kat(ʀ)]	60	**soixante**	[swasɑ̃t]
25	**vingt-cinq**	[vɛ̃**t**sɛ̃k]	61	**soixante-et-un(e)**	[swasɑ̃teɛ̃/yn]

R Alle **zusammengesetzten Zahlen** werden mit **Bindestrich** verbunden.
Vor einem **femininen** Nomen wird aus dem ***un*** ein ***une***: *vingt-et-**une** heures.*

70	**soixante-dix**	**80**	**quatre-vingts**	**90**	**quatre-vingt-dix**
71	**soixante-et-onze**	**81**	**quatre-vingt-un(e)** [katʀəv**ɛ̃ɛ̃/yn**]	**91**	**quatre-vingt-onze**
72	soixante-douze	**82**	quatre-vingt-deux [katʀəv**ɛ̃dø**]	**92**	quatre-vingt-douze
73	soixante-treize	**83**	quatre-vingt-trois	**93**	quatre-vingt-treize
74	soixante-quatorze	**84**	quatre-vingt-quatre	**94**	quatre-vingt-quatorze
75	soixante-quinze	**85**	quatre-vingt-cinq	**95**	quatre-vingt-quinze
76	soixante-seize	**86**	quatre-vingt-six	**96**	quatre-vingt-seize
77	soixante-dix-sept	**87**	quatre-vingt-sept	**97**	quatre-vingt-dix-sept
78	soixante-dix-huit	**88**	quatre-vingt-huit	**98**	quatre-vingt-dix-huit
79	soixante-dix-neuf	**89**	quatre-vingt-neuf	**99**	quatre-vingt-dix-neuf

100	**cent** [sɑ̃]	**200**	**deux-cents**	**300**	trois-cents
101	**cent-un(e)** [sɑ̃ɛ̃/yn]	**201**	deux-cen**t**-un(e) [døsɑ̃ɛ̃/yn]	**400**	quatre-cents [kat(ʀə)sɑ̃]
110	cent-dix	**202**	deux-cen**t**-deux	**500**	cinq-cents [**sɛ̃**sɑ̃]
170	cent-soixante-dix	**209**	deux-cen**t**-neuf	**600**	six-cents [**si**sɑ̃]
180	cent-quatre-vingts	**217**	deux-cen**t**-dix-sept	**700**	sept-cents [sɛtsɑ̃]
190	cent-quatre-vingt-dix	**271**	deux-cen**t**-soixante-et-onze	**800**	huit-cents [**ɥi**sɑ̃]
199	cent-quatre-vingt-dix-neuf	**299**	deux-cen**t**-quatre-vingt-dix-neuf	**900**	neuf-cents [nœfsɑ̃]

R ***vingt*** und ***cent*** erhalten **im Plural** ein **-*s***: *quatre-vingt**s**, trois-cent**s***. Aber wenn eine **weitere Zahl** folgt, wird **kein *-s*** angehängt: *quatre-vingt-cinq, trois-cent-neuf*.

1 000	**mille** [mil]	**200 000**	deux-cen**t**-mill**e**
1 001	**mille-un(e)**	**1 000 000**	**un million** [ɛ̃miljɔ̃]
1 100	mill**e**-cent	**2 000 000**	deux millions
2 010	deux-mill**e**-dix	**3 450 000**	trois millions quatre-cent-cinquante-mille

R ***Mille*** ist **unveränderlich**: *neuf-mille, dix-mille-sept-cent-cinquante*.
Un million ist **veränderlich**, weil es ein Nomen ist: *cinq million**s***.
Wenn ein Nomen folgt, wird dieses mit ***de/d'*** angeschlossen:
*soixante millions **d'**habitants*. Vor und nach ***million*** steht **kein Bindestrich**.

§76 Die Ordnungszahlen

Die Ordnungszahlen verwendet man, um eine Reihenfolge zu bestimmen.

1er	**le premier** [pʀəmje]	**11e**	le/la onzième	**22e**	le/la vingt-deuxième
1ère	**la première** [pʀəmjɛʀ]	**12e**	le/la douzième	**30e**	le/la trentième
2e	le/la deuxième [døzjɛm] **le second/la seconde** [-g-]	**13e**	le/la treizième	**40e**	le/la quarantième
3e	le/la troisième	**14e**	le/la quatorzième	**50e**	le/la cinquantième
4e	le/la quatrième	**15e**	le/la quinzième	**60e**	le/la soixantième
5e	le/la cinquième	**16e**	le/la seizième	**70e**	le/la soixante-dixième
6e	le/la sixième	**17e**	le/la dix-septième	**80e**	le/la quatre-vingtième
7e	le/la septième	**18e**	le/la dix-huitième	**90e**	le/la quatre-vingt-dixième
8e	le/la huitième	**19e**	le/la dix-neuvième	**100e**	le/la centième
9e	le/la neuvième	**20e**	le/la vingtième	**200e**	le/la deux-centième
10e	le/la dixième	**21e**	le/la vingt-et-unième [vɛ̃teynjɛm]	**1000e**	le/la millième

R Die **Ordnungszahlen** werden gebildet, indem man die Endung ***-ième*** an die jeweilige **Grundzahl** anhängt. Bei Grundzahlen, die auf *-e* enden, entfällt das *-e* vor *-ième*.
Nur bei ***premier*** und ***second*** gibt es eine weibliche und männliche Form.
Der Artikel wird nie apostrophiert (***le/la h****uitième*, ***le/la o****nzième*).

§77 Die Prozentzahlen

71%	soixante-et-onze **pour cent**	71% **des Français** mangent du fromage à la fin des repas.
46%	quarante-six **pour cent**	46% **de la population** part en vacances.
80%	quatre-vingts **pour cent**	80% **des jeunes** chattent plus de deux heures par jour sur Internet.

R Folgt der Prozentzahl ein Nomen, dann wird dieses immer mit ***de*** **+ Begleiter** angeschlossen; ***pour cent*** ist unveränderlich.

§ 78 Die Bruchzahlen

1/2 = un demi	un demi-litre, une demi-heure	ein halber Liter, eine halbe Stunde
1/3 = un tiers	un tiers des ouvriers	ein Drittel der Arbeiter
1/4 = un quart	un quart des habitants	ein Viertel der Einwohner
3/4 = trois quarts	**les** trois quarts des Français	drei Viertel der Franzosen
1/5 = un cinquième	un cinquième de la classe	ein Fünftel der Klasse
1/6 = un sixième	un sixième des consommateurs	ein Sechstel der Verbraucher
5/6 = cinq sixièmes	**les** cinq sixièmes de la population	fünf Sechstel der Bevölkerung

R Die Bruchzahlen sind **Nomen**, daher erhält der Nenner im Plural ein ***-s***, wenn der Zähler größer als 1 ist.

$\frac{\text{Zähler: } 9}{\text{Nenner: } 10}$ (les) neuf dixième**s**

! Ist der Zähler **größer als 1** und folgt der Bruchzahl eine **nominale Ergänzung**, dann muss der **bestimmte Artikel im Plural vorangestellt werden.**

les deux cinquièmes des employés — zwei Fünftel der Angestellten

! ***Demi*** ist unveränderlich, wenn es **vor** dem Nomen steht.
Es wird immer durch einen Bindestrich mit dem folgenden Nomen verbunden:

une dem**i**-bouteille, une dem**i**-heure

Steht ***demi*** **nach** dem Nomen, so richtet es sich nach dessen Geschlecht, es erhält aber **kein *-s* im Plural**:

une **heure** et demi**e**, trois **bouteilles** et demi**e**

§79 Die Uhrzeit

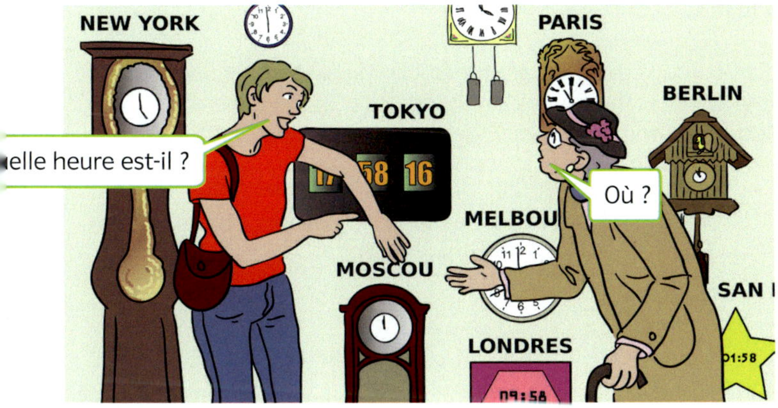

1h00	Il est une heure.	**1h30**	Il est une heure **et demie**.
1h05	Il est une heure **cinq**.	**1h35**	Il est deux heures **moins vingt-cinq**.
1h10	Il est une heure **dix**.	**1h40**	Il est deux heures **moins vingt**.
1h15	Il est une heure **et quart**.	**1h45**	Il est deux heures **moins le quart**.
1h20	Il est une heure **vingt**.	**1h50**	Il est deux heures **moins dix**.
1h25	Il est une heure **vingt-cinq**.	**1h55**	Il est deux heures **moins cinq**.

12h	Il est **midi**.	**24h**	Il est **minuit**.
12h15	Il est midi **et quart**.	**24h15**	Il est minuit **et quart**.

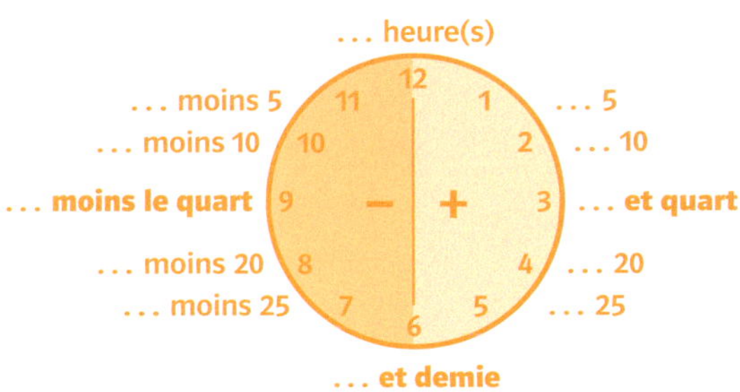

R Im Französischen wird die Uhrzeit mit ***heure*** (=Stunde) wiedergegeben.
Heure ist **weiblich**, deshalb heißt es *Il est* ***une*** *heure et demie*.
Ab zwei Uhr steht *heure* im **Plural**: *deux heure**s***.

- Die Minuten der **ersten halben Stunde** werden **zur letzten Stunde hinzugezählt**: *Il est trois heures vingt* (3h20).
- Die Minuten der **zweiten halben Stunde** werden **von der nächsten Stunde mit *moins* abgezogen**: *Il est cinq heures moins dix* (4h50).
- Die Viertelstunden werden mit ***et quart*** bzw. ***moins le quart***, die halbe Stunde wird mit ***et demie*** angegeben.

! Man kann die Uhrzeit mit ***du matin***, ***de l'après-midi***, ***du soir*** präzisieren:

Il a rendez-vous à 9 heures **du matin**.

! Die **offizielle Uhrzeit** (z. B. im Radio und Fernsehen, am Bahnhof) wird wie im Deutschen gebildet, indem die Minuten immer zur vorhergehenden Stunde hinzugezählt werden. Auch Viertel- und halbe Stunden sowie ***midi*** und ***minuit*** werden durch Ziffern ersetzt.

4 h 00	quatre heures	**20 h 30**	vingt heures trente
12 h 00	douze heures	**21 h 26**	vingt-et-une heures vingt-six
17 h 15	dix-sept heures quinze	**0 h 45**	zéro heure quarante-cinq

§ 80 Das Datum

1.5. — **Le premier mai**, c'est la fête du travail.

14.07. — **Le quatorze juillet**, c'est l'anniversaire de la Révolution française.

du 15 au 30 août (vom … bis zum …) — Nous sommes en vacances **du quinze au trente août**.

R Beim Datum wird nur der **Erste des Monats** mit der **Ordnungszahl** wiedergegeben. Beim **2. bis 31.** stehen die **Grundzahlen**.

! Anders als im Deutschen steht **immer der bestimmte Artikel** und keine Präposition. Folgt die Datumsangabe auf einen Wochentag, steht im Französischen **kein Komma**.

🇫🇷	🇩🇪
Je suis né **le** sept mai 1990. Il est parti **le** mardi vingt-cinq avril.	Ich bin **am** siebten Mai 1990 geboren. Er ist **am** Dienstag, dem fünfundzwanzigsten April, losgefahren.

! Die **Jahreszahl** allein wird mit der Präposition ***en*** ausgedrückt:

en 2009 — **im** Jahre 2009/2009

§ 81 Die Mengenangaben

	Mengenangabe	+ d(e)	+ Nomen	
Nina achète…	**250 grammes**	**de**	beurre.	250 Gramm Butter
	un kilo	**de**	tomates.	ein Kilo Tomaten
	un litre	**de**	lait.	einen Liter Milch
	deux bouteilles	**de**	vin.	zwei Flaschen Wein
	un pot	**de**	crème fraîche.	einen Becher Crème fraîche
	une boîte	**d'**	œufs.	eine Packung Eier
	beaucoup	**de**	viande hachée.	viel Hackfleisch
	trop	**de**	glace.	zu viel Eis
	(un) peu	**de**	fromage.	(ein) wenig Käse
	assez	**d'**	eau.	genug Wasser

Und so drückt man die **Menge Null** aus:

	Verneinung	+ d(e)	+ Nomen	
Elle **ne** mange	**pas**	**de**	salade.	Sie isst **keinen** Salat.
Elle **n'** a	**plus**	**d'**	oranges.	Sie hat **keine** Orangen mehr.

R Nach **Mengenangaben** und nach **Verneinung** steht vor dem folgenden Nomen ***de* ohne Artikel**. Vor **Vokal** und **stummem *h*** wird ***de*** zu ***d'***.
Steht die **Mengeneinheit im Plural**, wird ein **-*s*** angehängt: *deux kilo**s**, 250 gramme**s***.

! Um nach einer Menge zu fragen, verwendet man ***combien d(e)* + Nomen (+ *est-ce que*)**:

Combien de bouteilles est-ce que j'achète ?
J'achète **combien de bouteilles** ? } Wie viele Flaschen …

! Nach wenigen Mengenangaben steht ***de*** + **bestimmter Artikel** vor dem Nomen:

La majorité de la population a plus de 50 ans.

Alex a mangé la moitié du gâteau.

La plupart **des** élèves travaill**ent** bien.

la majorité **du/de la/de l'/des + Nomen**	**die Mehrheit**
la moitié **du/de la/de l'/des + Nomen**	**die Hälfte**
la plupart **des + Nomen + Verb im Plural**	**die meisten**

Zur Verneinung + direktes Objekt ▸ § 56
Zum Teilungsartikel ▸ § 6

Die Ableitung der Verformen

Einige Zeiten der **regelmäßigen Verben** lassen sich aus anderen Zeiten bzw. Stämmen ableiten. Man spricht in diesem Fall von **Ableitungsbasen**.

passé composé		Ableitungsbasis *infinitif*		*futur simple*	*conditionnel présent*
j'ai cherch **-é**	◄	cherch **-er***	►	je chercher **-ai**	je chercher **-ais**
j'ai attend **-u**	◄	attend **-re**	►	tu attendr **-as**	tu attendr **-ais**
je suis sort **-i(e)**	◄	sort **-ir**	►	tu sortir **-as**	tu sortir **-ais**
j'ai fin **-i**	◄	fin **-ir**	►	il finir **-a**	il finir **-ait**
				-ons	**-ions**
				-ez	**-iez**
				-ont	**-aient**
				▲	▲
				-r des Infinitivs + Endung	

1. Pers. Pl. Präsens (Stamm)		*imparfait*	*gérondif / participe présent*
nous cherch -ons	►	je cherch **-ais**	(en) cherch **-ant**
nous attend -ons	►	tu attend **-ais**	(en) attend **-ant**
nous sort -ons	►	tu sort **-ais**	(en) sort **-ant**
nous finiss -ons	►	il finiss **-ait**	(en) finiss **-ant**
		-ions	
		-iez	
		-aient	

		3. Pers. Pl. Präsens (Stamm)		*subjonctif*
		ils cherch -ent	►	que je cherch **-e**
		ils attend -ent	►	que tu attend **-es**
		ils sort -ent	►	que tu sort **-es**
! **Formen des *imparfait* :**		**ils finiss -ent**	►	qu'il finiss **-e**
que nous **appel -ions**	◄	**nous appel -ons**		
que vous **appel -iez**	◄	**vous appel -ez**		
		ils appell -ent	►	qu'ils appell **-ent**

* Bei Verben auf *-er* mit **zwei verschiedenen Stämmen** im Präsens werden das *futur simple* und das *conditionnel présent* von der 1. Person Singular Präsens abgeleitet :

ach**e**ter	j'ach**è**te	j'ach**è**terai(s)	pa**y**er	je pa**i**e	je pa**i**erai(s)
appe**l**er	j'appe**ll**e	j'appe**ll**erai(s)	préf**é**rer	je préf**è**re	je préf**è**rerai(s)

Regelmäßige Verben

1. Die regelmäßigen Verben auf *-er*

regarder (betrachten)		**Présent**	**Imparfait**	**Futur simple**	**Conditionnel présent**	**Subjonctif présent**
Impératif	je	regard**e**	regard**ais**	regarder**ai**	regarder**ais**	regard**e**
Regard**e**.	tu	regard**es**	regard**ais**	regarder**as**	regarder**ais**	regard**es**
Regard**ons**.	il	regard**e**	regard**ait**	regarder**a**	regarder**ait**	regard**e**
Regard**ez**.	nous	regard**ons**	regard**ions**	regarder**ons**	regarder**ions**	regard**ions**
Passé composé	vous	regard**ez**	regard**iez**	regarder**ez**	regarder**iez**	regard**iez**
j'ai regard**é**	ils	regard**ent**	regard**aient**	regarder**ont**	regarder**aient**	regard**ent**

! Von den regelmäßigen Verben auf **-er** bilden ***arriver*** (ankommen), ***entrer*** (eintreten), ***rentrer*** (zurückkommen, heimgehen), ***retourner*** (zurückkehren), ***passer*** (vorbeigehen), ***monter*** (hinaufsteigen), ***tomber*** (fallen) und ***rester*** (bleiben) das ***passé composé*** mit ***être***.

Achten Sie auf die Angleichung des ***participe passé*** an das Subjekt. ▶ § 33

2. Die Verben auf *-er* mit Besonderheiten

acheter	j'	ach**è**te	achetais	ach**è**terai	ach**è**terais	ach**è**te
(kaufen)	tu	ach**è**tes	achetais	ach**è**teras	ach**è**terais	ach**è**tes
Ach**è**te.	il	ach**è**te	achetait	ach**è**tera	ach**è**terait	ach**è**te
Achetons.	nous	achetons	achetions	ach**è**terons	ach**è**terions	achetions
Achetez.	vous	achetez	achetiez	ach**è**terez	ach**è**teriez	achetiez
j'ai achet**é**	ils	ach**è**tent	achetaient	ach**è**teront	ach**è**teraient	ach**è**tent

Ebenso: **se lever*** (aufstehen), **enlever** (ausziehen; abräumen; entführen), **emmener** (mitnehmen), **ramener** (zurückbringen) **se promener*** (spazieren gehen)

préférer	je	préf**è**re	préférais	préf**è**rerai	préf**è**rerais	préf**è**re
(vorziehen)	tu	préf**è**res	préférais	préf**è**reras	préf**è**rerais	préf**è**res
Préf**è**re.	il	préf**è**re	préférait	préf**è**rera	préf**è**rerait	préf**è**re
Préférons.	nous	préférons	préférions	préf**è**rerons	préf**è**rerions	préférions
Préférez.	vous	préférez	préfériez	préf**è**rerez	préf**è**reriez	préfériez
j'ai préfér**é**	ils	préf**è**rent	préféraient	préf**è**reront	préf**è**reraient	préf**è**rent

Ebenso: **compléter** (vervollständigen), **espérer** (hoffen), **protéger** (schützen), **répéter** (wiederholen)

appeler	j'	appe**ll**e	appelais	appe**ll**erai	appe**ll**erais	appe**ll**e
(rufen)	tu	appe**ll**es	appelais	appe**ll**eras	appe**ll**erais	appe**ll**es
Appe**ll**e.	il	appe**ll**e	appelait	appe**ll**era	appe**ll**erait	appe**ll**e
Appelons.	nous	appelons	appelions	appe**ll**erons	appe**ll**erions	appelions
Appelez.	vous	appelez	appeliez	appe**ll**erez	appe**ll**eriez	appeliez
j'ai appel**é**	ils	appe**ll**ent	appelaient	appe**ll**eront	appe**ll**eraient	appe**ll**ent

Ebenso: **s'appeler*** (heißen), **rappeler** (noch einmal anrufen; erinnern), **se rappeler*** (sich erinnern), **jeter** (werfen; **-t-** wird zu **-tt-**)

* Diese Verben bilden das ***passé composé*** mit ***être***.
Achten Sie auf die Angleichung des ***participe passé*** an das Subjekt. ▶ § 33

commencer (anfangen)		**Présent**	**Imparfait**	**Futur simple**	**Conditionnel présent**	**Subjonctif présent**
Impératif	je	commence	commençais	commencerai	commencerais	commence
Commence.	tu	commences	commençais	commenceras	commencerais	commences
Commençons.	il	commence	commençait	commencera	commencerait	commence
Commencez.	nous	commençons	commencions	commencerons	commencerions	commencions
Passé composé	vous	commencez	commenciez	commencerez	commenceriez	commenciez
j'ai commencé	ils	commencent	commençaient	commenceront	commenceraient	commencent

Ebenso: **recommencer** (wieder anfangen), **annoncer** (ankündigen), **avancer** (vorankommen), **divorcer** (sich scheiden lassen), **placer** (hinstellen, hinlegen), **remplacer** (ersetzen)

manger	je	mange	mangeais	mangerai	mangerais	mange
(essen)	tu	manges	mangeais	mangeras	mangerais	manges
Mange.	il	mange	mangeait	mangera	mangerait	mange
Mangeons.	nous	mangeons	mangions	mangerons	mangerions	mangions
Mangez.	vous	mangez	mangiez	mangerez	mangeriez	mangiez
j'ai mangé	ils	mangent	mangeaient	mangeront	mangeraient	mangent

Ebenso: **bouger** (sich bewegen), **changer** (wechseln; umsteigen), **déménager** (umziehen), **déranger** (stören), **s'engager*** (sich engagieren), **interroger** (befragen), **mélanger** (mischen), **nager** (schwimmen), **partager** (teilen), **protéger** (beschützen), **ranger** (aufräumen), **voyager** (reisen)

payer	je	paie	payais	paierai	paierais	paie
(zahlen)	tu	paies	payais	paieras	paierais	paies
Paie.	il	paie	payait	paiera	paierait	paie
Payons.	nous	payons	payions	paierons	paierions	payions
Payez.	vous	payez	payiez	paierez	paieriez	payiez
j'ai payé	ils	paient	payaient	paieront	paieraient	paient

Ebenso: **essayer** (versuchen), **employer** (einstellen), **s'ennuyer*** (sich langweilen), **envoyer** (schicken), **nettoyer** (säubern)

3. Die Verben auf *-dre*

répondre	je	réponds	répondais	répondrai	répondrais	réponde
(antworten)	tu	réponds	répondais	répondras	répondrais	répondes
Réponds.	il	répond	répondait	répondra	répondrait	réponde
Répondons.	nous	répondons	répondions	répondrons	répondrions	répondions
Répondez.	vous	répondez	répondiez	répondrez	répondriez	répondiez
j'ai répondu	ils	répondent	répondaient	répondront	répondraient	répondent

Ebenso: **attendre** (warten), **descendre*** (hinuntergehen), **entendre** (hören), **perdre** (verlieren), **rendre** (zurückgeben), **vendre** (verkaufen)

* Diese Verben bilden das ***passé composé*** mit ***être***.
Achten Sie auf die Angleichung des ***participe passé*** an das Subjekt. ► § 33

4. Die Verben auf *-ir*

a) Gruppe: dormir

dormir (schlafen)		**Présent**	**Imparfait**	**Futur simple**	**Conditionnel présent**	**Subjonctif présent**
Impératif	je	dor**s**	dormais	dormirai	dormirais	dorme
Dor**s**.	tu	dor**s**	dormais	dormiras	dormirais	dormes
Dormons.	il	dor**t**	dormait	dormira	dormirait	dorme
Dormez.	nous	dormons	dormions	dormirons	dormirions	dormions
Passé composé	vous	dormez	dormiez	dormirez	dormiriez	dormiez
j'ai dorm**i**	ils	dorment	dormaient	dormiront	dormiraient	dorment

Ebenso: **mentir** (lügen), **partir*** (weggehen/-fahren), **(se) sentir*** ((sich) fühlen), **(se) servir*** ((sich) bedienen), **sortir*** (ausgehen)

b) Gruppe: finir

finir	je	finis	fini**ss**ais	finirai	finirais	fini**ss**e
(beenden)	tu	finis	fini**ss**ais	finiras	finirais	fini**ss**es
Finis.	il	finit	fini**ss**ait	finira	finirait	fini**ss**e
Fini**ss**ons.	nous	fini**ss**ons	fini**ss**ions	finirons	finirions	fini**ss**ions
Fini**ss**ez.	vous	fini**ss**ez	fini**ss**iez	finirez	finiriez	fini**ss**iez
j'ai fin**i**	ils	fini**ss**ent	fini**ss**aient	finiront	finiraient	fini**ss**ent

Ebenso: **agir** (handeln), **réagir** (reagieren), **choisir** (wählen), **garantir** (garantieren), **investir** (investieren), **réfléchir** (nachdenken), **réussir** (gelingen)

Unregelmäßige Verben

accueillir	j'	accueill**e**	accueillais	accueill**er**ai	accueill**er**ais	accueille
(aufnehmen,	tu	accueill**es**	accueillais	accueill**er**as	accueill**er**ais	accueilles
empfangen)	il	accueill**e**	accueillait	accueill**er**a	accueill**er**ait	accueille
Accueille.	nous	accueillons	accueillions	accueill**er**ons	accueill**er**ions	accueillions
Accueillons	vous	accueillez	accueilliez	accueill**er**ez	accueill**er**iez	accueilliez
Accueillez.	ils	accueillent	accueillaient	accueill**er**ont	accueill**er**aient	accueillent
j'ai accueill**i**						

aller	je	**vais**	allais	**ir**ai	**ir**ais	**aille**
(gehen, fahren)	tu	**vas**	allais	**ir**as	**ir**ais	**ailles**
Va.	il	**va**	allait	**ir**a	**ir**ait	**aille**
Allons.	nous	allons	allions	**ir**ons	**ir**ions	allions
Allez.	vous	allez	alliez	**ir**ez	**ir**iez	alliez
je suis all**é(e)**	ils	**vont**	allaient	**ir**ont	**ir**aient	**aillent**

Ebenso: **s'en aller*** (weggehen, wegfahren)

* Diese Verben bilden das ***passé composé*** mit **être** (*sentir* und *servir*, wenn sie reflexiv sind). Achten Sie auf die Angleichung des ***participe passé*** an das Subjekt. ▶ § 33

s'asseoir (sich setzen)		**Présent**	**Imparfait**	**Futur simple**	**Conditionnel présent**	**Subjonctif présent**
Impératif	je	m'assois	m'asseyais	m'ass**ié**rai	m'ass**ié**rais	m'**asseye**
Assieds-toi.	tu	t'assois	t'asseyais	t'assiéras	t'assiérais	t'**asseyes**
Asseyons-nous.	il	s'assoit	s'asseyait	s'assiéra	s'assiérait	s'**asseye**
Asseyez-vous.	nous	nous ass**ey**ons	nous asse**yi**ons	nous assiérons	nous assiérions	nous asse**yi**ons
Passé composé	vous	vous ass**ey**ez	vous asse**yi**ez	vous assiérez	vous assiériez	vous asse**yi**ez
je me **suis**	ils	s'assoient	s'asseyaient	s'assiéront	s'assiéraient	s'asseyent
assis(e)						

avoir	j'	**ai**	avais	**au**rai	**au**rais	**aie**
(haben)	tu	**as**	avais	**au**ras	**au**rais	**aies**
Aie…	il	**a**	avait	**au**ra	**au**rait	**ait**
Ayons…	nous	**avons**	avions	**au**rons	**au**rions	**ayons**
Ayez…	vous	**avez**	aviez	**au**rez	**au**riez	**ayez**
j'ai **eu**	ils	**ont**	avaient	**au**ront	**au**raient	**aient**

boire	je	bois	buvais	boirai	boirais	boive
(trinken)	tu	bois	buvais	boiras	boirais	boives
Bois.	il	boit	buvait	boira	boirait	boive
Buvons.	nous	**buv**ons	buvions	boirons	boirions	**buv**ions
Buvez.	vous	**buv**ez	buviez	boirez	boiriez	**buv**iez
j'ai **bu**	ils	boi**v**ent	buvaient	boiront	boiraient	boivent

conduire	je	conduis	conduisais	conduirai	conduirais	conduise
(fahren, lenken)	tu	conduis	conduisais	conduiras	conduirais	conduises
Conduis.	il	conduit	conduisait	conduira	conduirait	conduise
Conduisons.	nous	conduisons	conduisions	conduirons	conduirions	conduisions
Conduisez.	vous	conduisez	conduisiez	conduirez	conduiriez	conduisiez
j'ai condui**t**	ils	conduisent	conduisaient	conduiront	conduiraient	conduisent

Ebenso: **construire** (bauen), **détruire** (zerstören; vernichten), **produire** (herstellen), **réduire** (reduzieren), **traduire** (übersetzen)

connaître	je	connais	connaissais	connaîtrai	connaîtrais	connaisse
(kennen)	tu	connais	connaissais	connaîtras	connaîtrais	connaisses
	il	conn**aît**	connaissait	connaîtra	connaîtrait	connaisse
	nous	connai**ss**ons	connaissions	connaîtrons	connaîtrions	connaissions
	vous	connai**ss**ez	connaissiez	connaîtrez	connaîtriez	connaissiez
j'ai conn**u**	ils	connai**ss**ent	connaissaient	connaîtront	connaîtraient	connaissent

Ebenso: **reconnaître** (wieder erkennen), **paraître** (erscheinen), **apparaître** (erscheinen; auftauchen), **disparaître** (verschwinden)

courir	je	cours	courais	cou**rr**ai	cou**rr**ais	coure
(laufen)	tu	cours	courais	courras	courrais	coures
Cours.	il	court	courait	courra	courrait	coure
Courons.	nous	courons	courions	courrons	courrions	courions
Courez.	vous	courez	couriez	courrez	courriez	courent
j'ai cour**u**	ils	courent	couraient	courront	courraient	

* Diese Verben bilden das ***passé composé*** mit ***être***.
Achten Sie auf die Angleichung des ***participe passé*** an das Subjekt. ► § 33

croire (glauben)		**Présent**	**Imparfait**	**Futur simple**	**Conditionnel présent**	**Subjonctif présent**
Impératif	je	crois	croyais	croirai	croirais	croie
Crois.	tu	crois	croyais	croiras	croirais	croies
Croyons.	il	croit	croyait	croira	croirait	croie
Croyez.	nous	cro**y**ons	croyions	croirons	croirions	cro**yi**ons
Passé composé	vous	cro**y**ez	croyiez	croirez	croiriez	cro**yi**ez
j'ai **cru**	ils	croient	croyaient	croiront	croiraient	croient

devoir	je	**dois**	devais	devrai	devrais	doive
(müssen, sollen)	tu	**dois**	devais	devras	devrais	doives
	il	**doit**	devait	devra	devrait	doive
	nous	devons	devions	devrons	devrions	devions
	vous	devez	deviez	devrez	devriez	deviez
j'ai **dû**	ils	**doivent**	devaient	devront	devraient	doivent

dire	je	dis	disais	dirai	dirais	dise
(sagen)	tu	dis	disais	diras	dirais	dises
Dis.	il	dit	disait	dira	dirait	dise
Disons.	nous	di**s**ons	disions	dirons	dirions	disions
Dites.	vous	**dites**	disiez	direz	diriez	disiez
j'ai di**t**	ils	di**s**ent	disaient	diront	diraient	disent

Ebenso: **interdire** (verbieten), aber beachten Sie die 2. Pers. Pl. Präsens: *vous **interdisez*** und den Imperativ: ***Interdisez.***

écrire	j'	écris	écrivais	écrirai	écrirais	écrive
(schreiben)	tu	écris	écrivais	écriras	écrirais	écrives
Ecris.	il	écrit	écrivait	écrira	écrirait	écrive
Ecrivons.	nous	écri**v**ons	écrivions	écrirons	écririons	écrivions
Ecrivez.	vous	écri**v**ez	écriviez	écrirez	écririez	écriviez
j'ai écri**t**	ils	écri**v**ent	écrivaient	écriront	écriraient	écrivent

Ebenso: **décrire** (beschreiben), **s'inscrire*** (sich einschreiben)

éteindre	j'	éteins	éteignais	éteindrai	éteindrais	éteigne
(ausmachen,	tu	éteins	éteignais	éteindras	éteindrais	éteignes
ausschalten)	il	éteint	éteignait	éteindra	éteindrait	éteigne
Eteins.	nous	étei**gn**ons	éteignions	éteindrons	éteindrions	éteignions
Eteignons.	vous	étei**gn**ez	éteigniez	éteindrez	éteindriez	éteigniez
Eteignez.	ils	étei**gn**ent	éteignaient	éteindront	éteindraient	éteignent
j'ai étein**t**						

Ebenso: **atteindre** (erreichen), **peindre** ((an)malen; (an)streichen), **se plaindre*** (sich beklagen)

être	je	**suis**	étais	**se**rai	**se**rais	**sois**
(sein)	tu	**es**	étais	**se**ras	**se**rais	**sois**
Sois…	il	**est**	était	**se**ra	**se**rait	**soit**
Soyons…	nous	**sommes**	étions	**se**rons	**se**rions	**soyons**
Soyez…	vous	**êtes**	étiez	**se**rez	**se**riez	**soyez**
j'ai **été**	ils	**sont**	étaient	**se**ront	**se**raient	**soient**

* Diese Verben bilden das ***passé composé*** mit ***être***.
Achten Sie auf die Angleichung des ***participe passé*** an das Subjekt. ▸ § 33

faire (machen, tun)		**Présent**	**Imparfait**	**Futur simple**	**Conditionnel présent**	**Subjonctif présent**
Impératif	je	fais	faisais	**fe**rai	**fe**rais	**fasse**
Fais…	tu	fais	faisais	**fe**ras	**fe**rais	fasses
Faisons…	il	fait	faisait	**fe**ra	**fe**rait	fasse
Faites…	nous	fai**s**ons	faisions	**fe**rons	**fe**rions	fassions
Passé composé	vous	**faites**	faisiez	**fe**rez	**fe**riez	fassiez
j'ai **fait**	ils	**font**	faisaient	**fe**ront	**fe**raient	fassent

Ebenso: **satisfaire** (zufrieden stellen; befriedigen)

falloir (müssen) il a fallu	il	**faut**	fallait	**faudra**	**faudrait**	**faille**

lire	je	lis	lisais	lirai	lirais	lise
(lesen)	tu	lis	lisais	liras	lirais	lises
Lis.	il	lit	lisait	lira	lirait	lise
Lisons.	nous	li**s**ons	lisions	lirons	lirions	lisions
Lisez.	vous	li**s**ez	lisiez	lirez	liriez	lisiez
j'ai **lu**	ils	li**s**ent	lisaient	liront	liraient	lisent

Ebenso: **élire** (wählen), **relire** (nochmals lesen)

mettre	je	me**t**s	mettais	mettrai	mettrais	mette
(setzen, stellen,	tu	me**t**s	mettais	mettras	mettrais	mettes
legen)	il	me**t**	mettait	mettra	mettrait	mette
Mets…	nous	mettons	mettions	mettrons	mettrions	mettions
Mettons…	vous	mettez	mettiez	mettrez	mettriez	mettiez
Mettez…	ils	mettent	mettaient	mettront	mettraient	mettent
j'ai **mis**						

Ebenso: **admettre** (zugeben), **permettre** (erlauben), **promettre** (versprechen), **transmettre** (übermitteln; weitergeben)

mourir	je	**meurs**	mourais	mou**rr**ai	mou**rr**ais	meure
(sterben)	tu	**meurs**	mourais	mourras	mourrais	meures
il/elle **est**	il	**meurt**	mourait	mourra	mourrait	meure
mort(e)	nous	mourons	mourions	mourrons	mourrions	mourions
	vous	mourez	mouriez	mourrez	mourriez	mouriez
	ils	**meurent**	mouraient	mourront	mourraient	meurent

naître (geboren werden)	il	naît	nai**ss**ait	naîtra	naîtrait	naisse
il / elle **est né(e)**	ils	nai**ss**ent	nai**ss**aient	naîtront	naîtraient	naissent

ouvrir	j'	ouv**re**	ouvrais	ouvrirai	ouvrirais	ouvre
(öffnen)	tu	ouv**res**	ouvrais	ouvriras	ouvrirais	ouvres
Ouvre.	il	ouv**re**	ouvrait	ouvrira	ouvrirait	ouvre
Ouvrons.	nous	ouvrons	ouvrions	ouvrirons	ouvririons	ouvrions
Ouvrez.	vous	ouvrez	ouvriez	ouvrirez	ouvririez	ouvriez
j'ai ouv**ert**	ils	ouvrent	ouvraient	ouvriront	ouvriraient	ouvrent

Ebenso: **découvrir** (entdecken), **offrir** (anbieten; schenken), **souffrir** (leiden)

plaire (gefallen)		**Présent**	**Imparfait**	**Futur simple**	**Conditionnel présent**	**Subjonctif présent**
	je	plais	plaisais	plairai	plairais	plaise
	tu	plais	plaisais	plairas	plairais	plaises
	il	plaît	plaisait	plaira	plairait	plaise
	nous	plaisons	plaisions	plairons	plairions	plaisions
Passé composé	vous	plaisez	plaisiez	plairez	plairiez	plaisiez
j'ai **plu**	ils	plaisent	plaisaient	plairont	plairaient	plaisent

pleuvoir (regnen) il a **plu**	il	pleut	pleuvait	pleuvra	pleuvrait	pleuve

pouvoir (können)	je	**peux**	pouvais	pourrai	pourrais	**puisse**
	tu	**peux**	pouvais	pourras	pourrais	puisses
	il	**peut**	pouvait	pourra	pourrait	puisse
	nous	pouvons	pouvions	pourrons	pourrions	puissions
	vous	pouvez	pouviez	pourrez	pourriez	puissiez
j'ai **pu**	ils	**peuvent**	pouvaient	pourront	pourraient	puissent

prendre (nehmen)	je	prends	prenais	prendrai	prendrais	prenne
Prends.	tu	prends	prenais	prendras	prendrais	prennes
Prenons.	il	prend	prenait	prendra	prendrait	prenne
Prenez.	nous	prenons	prenions	prendrons	prendrions	prenions
	vous	prenez	preniez	prendrez	prendriez	preniez
j'ai **pris**	ils	prennent	prenaient	prendront	prendraient	prennent

Ebenso: **apprendre** (lernen), **comprendre** (verstehen), **surprendre** (überraschen)

recevoir (bekommen, erhalten)	je	**reçois**	recevais	recevrai	recevrais	reçoive
Reçois…	tu	**reçois**	recevais	recevras	recevrais	reçoives
Recevons…	il	**reçoit**	recevait	recevra	recevrait	reçoive
Recevez…	nous	recevons	recevions	recevrons	recevrions	recevions
	vous	recevez	receviez	recevrez	recevriez	receviez
j'ai **reçu**	ils	reçoivent	recevaient	recevront	recevraient	reçoivent

Ebenso: **décevoir** (enttäuschen), **(s')apercevoir*** (bemerken)

rire (lachen)	je	ris	riais	rirai	rirais	rie
Ris.	tu	ris	riais	riras	rirais	ries
Rions.	il	rit	riait	rira	rirait	rie
Riez.	nous	rions	riions	rirons	ririons	riions
	vous	riez	riiez	rirez	ririez	riiez
j'ai **ri**	ils	rient	riaient	riront	riraient	rient

Ebenso: **sourire** (lächeln)

* Diese Verben bilden das ***passé composé*** mit ***être***.
Achten Sie auf die Angleichung des ***participe passé*** an das Subjekt. ▸ § 33

savoir (wissen, können)		**Présent**	**Imparfait**	**Futur simple**	**Conditionnel présent**	**Subjonctif présent**
Impératif	je	**sais**	savais	s**au**rai	s**au**rais	**sache**
Sache…	tu	**sais**	savais	sauras	saurais	saches
Sachons…	il	**sait**	savait	saura	saurait	sache
Sachez…	nous	savons	savions	saurons	saurions	sachions
Passé composé	vous	savez	saviez	saurez	sauriez	sachiez
j'ai **su**	ils	savent	savaient	sauront	sauraient	sachent

suivre	je	**suis**	suivais	suivrai	suivrais	suive
(folgen)	tu	**suis**	suivais	suivras	suivrais	suives
Suis…	il	**suit**	suivait	suivra	suivrait	suive
Suivons…	nous	suivons	suivions	suivrons	suivrions	suivions
Suivez…	vous	suivez	suiviez	suivrez	suivriez	suiviez
j'ai **suivi**	ils	suivent	suivaient	suivront	suivraient	suivent

Ebenso: **poursuivre** (verfolgen; fortsetzen)

venir	je	**viens**	venais	**viendrai**	**viendrais**	vienne
(kommen)	tu	**viens**	venais	viendras	viendrais	viennes
Viens.	il	**vient**	venait	viendra	viendrait	vienne
Venons.	nous	venons	venions	viendrons	viendrions	venions
Venez.	vous	venez	veniez	viendrez	viendriez	veniez
je **suis** ven**u(e)**	ils	vie**nn**ent	venaient	viendront	viendraient	viennent

Ebenso: **devenir*** (werden), **obtenir** (bekommen), **prévenir** (benachrichtigen), **revenir*** (zurückkommen), **se souvenir*** (sich erinnern), **tenir** (halten)

vivre	je	**vis**	vivais	vivrai	vivrais	vive
(leben)	tu	**vis**	vivais	vivras	vivrais	vives
Vis…	il	**vit**	vivait	vivra	vivrait	vive
Vivons…	nous	vivons	vivions	vivrons	vivrions	vivions
Vivez…	vous	vivez	viviez	vivrez	vivriez	viviez
j'ai **vécu**	ils	vivent	vivaient	vivront	vivraient	vivent

voir	je	vois	voyais	**verr**ai	**verr**ais	voie
(sehen)	tu	vois	voyais	verras	verrais	voies
Vois…	il	voit	voyait	verra	verrait	voie
Voyons…	nous	vo**y**ons	voyions	verrons	verrions	vo**yi**ons
Voyez…	vous	vo**y**ez	voyiez	verrez	verriez	vo**yi**ez
j'ai **vu**	ils	voient	voyaient	verront	verraient	voient

Ebenso: **revoir** (wieder sehen)

vouloir	je	**veux**	voulais	vou**d**rai	vou**d**rais	**veuille**
(wollen)	tu	**veux**	voulais	voudras	voudrais	**veuilles**
	il	**veut**	voulait	voudra	voudrait	**veuille**
	nous	voulons	voulions	voudrons	voudrions	voulions
Veuillez…	vous	voulez	vouliez	voudrez	voudriez	vouliez
j'ai **voulu**	ils	**veulent**	voulaient	voudront	voudraient	**veuillent**

* Diese Verben bilden das ***passé composé*** mit ***être***.
Achte auf die Angleichung des ***participe passé*** an das Subjekt. ▸ **§ 33**

Verben mit einem Objekt

1. Verben, die im Unterschied zum Deutschen ein direktes Objekt haben

aider	**qn**	jdm helfen	féliciter	**qn**	jdm gratulieren
assister	**qn**	jdm beistehen/helfen	remercier	**qn**	jdm danken/ sich bei jdm bedanken
attendre	**qn/qc**	auf jdn/etw. warten	rencontrer	**qn/qc**	jdm begegnen/ auf etw. stoßen, treffen
applaudir	**qn**	jdm applaudieren	suivre	**qn/qc**	jdm/einer Sache folgen
contredire	**qn/qc**	jdm/etw. widersprechen			
croire	**qn**	jdm glauben			
écouter	**qn**	jdm zuhören, auf jdn hören			

2. Verben mit *à*-Objekt

s'adresser	**à** qn	sich an jdn wenden
demander	**à** qn	jdn fragen
donner rendez-vous	**à** qn	sich mit jdm verabreden
s'habituer	**à** qn/qc	sich an jdn/etw. gewöhnen
s'intéresser	**à** qn/qc	sich für jdn/etw. interessieren
jouer	**à** qc	etw. spielen (Spiel)
mentir	**à** qn	jdn belügen
parler	**à** qn	mit jdm sprechen
participer	**à** qc	an etw. teilnehmen
penser	**à** qn/qc	an jdn/etw. denken
plaire	**à** qn	jdm gefallen
réfléchir	**à** qc	über etw. nachdenken
renoncer	**à** qn/qc	auf jdn/etw. verzichten
rendre visite	**à** qn	jdn besuchen
répondre	**à** qn/qc	jdm/auf etw. antworten, etw. beantworten
téléphoner	**à** qn	jdn anrufen, mit jdm telefonieren
servir	**à** qc	zu etw. dienen/nützlich sein

3. Verben mit *de*-Objekt

il s'agit	**de** qn / qc	es geht um jdn/etw.; es handelt sich um jdn/etw.
s'apercevoir	**de** qc	etw. bemerken
s'approcher	**de** qn/qc	sich jdm/etw. nähern
avoir besoin	**de** qn/qc	jdn/etw. benötigen / brauchen
changer	**de** qc	etw. wechseln
faire la connaissance	**de** qn	jdn kennen lernen
dépendre	**de** qn/qc	von jdm/etw. abhängen
discuter	**de** qn/qc	sich über jdn/etw. unterhalten
s'étonner	**de** qn/qc	sich über jdn/etw. wundern
jouer	**de** qc	etw. spielen (Instrument)

se méfier	**de** qn/qc	jdm/etw. misstrauen
se moquer	**de** qn/qc	sich über jdn/etw. lustig machen
s'occuper	**de** qn/qc	sich um jdn/etw. kümmern; sich mit jdm/etw. beschäftigen
parler	**de** qn/qc	über jdn/etw. sprechen
se plaindre	**de** qn/qc	sich über jdn/etw. beklagen
profiter	**de** qc	von etw. profitieren
rêver	**de** qn/qc	von jdm/etw. träumen
se servir	**de** qn/qc	jdn/etw. benutzen
souffrir	**de** qc	an/unter etw. leiden
se souvenir	**de** qn/qc	sich an jdn/etw. erinnern
tomber amoureux	**de** qn	sich in jdn verlieben

Verben mit zwei Objekten

1. Verben mit direktem Objekt und *à*-Objekt

Verben dieser Gruppe sind z. B.:

apprendre	**qc**	**à qn**	jdm etw. beibringen	prêter	**qc**	**à qn**	jdm etw. leihen
demander	**qc**	**à qn**	jdn etw. fragen	présenter	**qc/qn**	**à qn**	jdm etw./jdn vorstellen
dire	**qc**	**à qn**	jdm etw. sagen	emprunter	**qc**	**à qn**	etw. von jdm ausleihen
donner	**qc**	**à qn**	jdm etw. geben	proposer	**qc**	**à qn**	jdm etw. vorschlagen
écrire	**qc**	**à qn**	jdm etw. schreiben	raconter	**qc**	**à qn**	jdm etw. erzählen
envoyer	**qc**	**à qn**	jdm etw. schicken	rappeler	**qc**	**à qn**	jdn an etw. erinnern
expliquer	**qc**	**à qn**	jdm etw. erklären	recommander	**qc**	**à qn**	jdm etw. empfehlen
montrer	**qc**	**à qn**	jdm etw. zeigen	rendre	**qc**	**à qn**	jdm etw. zurückgeben
offrir	**qc**	**à qn**	jdm etw. schenken	reprocher	**qc**	**à qn**	jdm etw. vorwerfen

2. Verben mit direktem Personenobjekt und *de*-Objekt

Verben dieser Gruppe sind z. B.:

accuser	**qn**	**de qc**	jdn einer Sache anklagen
informer	**qn**	**de qc**	jdn über etw. informieren
prévenir	**qn**	**de qc**	jdn von etw. benachrichtigen
remercier	**qn**	**de qc/pour qc**	jdm für etw. danken, sich bei jdm für etw. bedanken

Verben mit unterschiedlichen Ergänzungen

changer		
La vie à la campagne a beaucoup changé.	changer (ohne Objekt)	sich verändern
Après le match, nous nous sommes changés.	se changer	sich umziehen
Nous avons changé 300 francs suisses.	changer **qc**	(Geld) (um)tauschen
Elle a changé de jupe.	changer **de qc**	etw. wechseln
Ici, il faut changer de train.	changer **de** (train…)	umsteigen

jouer		
Les jeunes aiment jouer au basket.	jouer **à qc**	(ein Spiel) spielen
Yasmina joue du saxophone.	jouer **de qc**	(ein Instrument) spielen
Cela ne joue aucun rôle.	jouer **un rôle**	eine Rolle spielen

manquer		
Il n'y a que Paul qui manque.	manquer (ohne Objekt)	fehlen
Nous avons manqué le train.	manquer **qc**	etw. verpassen, versäumen
La famille manque à Aïcha.	manquer **à qn**	jdm fehlen
En Afrique, beaucoup de gens manquent d'eau.	manquer **de qc**	es mangelt jdm an etw.

parler		
Tu parles trop.	parler (ohne Objekt)	sprechen
Elle parle français, anglais et espagnol.	parler **qc**	(eine Sprache) sprechen
Il parle à tout le monde.	parler **à qn**	mit/zu jdm sprechen
J'aime parler avec mes collègues.	parler **avec qn**	sich mit jdm unterhalten
Il parle toujours de sa copine et de ses projets.	parler **de qn/qc**	über jdn/von etw. sprechen
Il parle de son voyage à ses amis.	parler **de qn/qc à qn**	jdm von jdm/etw. erzählen

rappeler		
Vous pouvez me rappeler ?	rappeler **qn**	jdn zurückrufen
Rappelle à Marc l'heure de départ.	rappeler **qc à qn**	jdn an etw. erinnern
Elle s'est rappelé ses vacances en Bretagne.	se rappeler **qc**	sich an etw. erinnern

Verben mit Infinitivergänzung

1. Infinitivanschluss ohne Präposition

Zu dieser Gruppe gehören z. B. folgende Verben:

adorer faire qc	etw. sehr gern tun	partir faire qc	losgehen, um etw. zu tun
aimer (mieux) faire qc	etw. gern (lieber) tun	penser faire qc	vorhaben, etw. zu tun
aller faire qc	etw. tun werden	pouvoir faire qc	etw. tun können
détester faire qc	verabscheuen/hassen, etw. zu tun	préférer faire qc	etw. lieber tun
		savoir faire qc	etw. tun können (wissen, wie)
devoir faire qc	etw. tun müssen/sollen	souhaiter faire qc	wünschen, etw. zu tun
espérer faire qc	hoffen, etw. zu tun	il vaut mieux faire qc	es ist besser, etw. zu tun
falloir faire qc	etw. tun müssen	venir faire qc	kommen, um etw. zu tun
		vouloir faire qc	etw. tun wollen

2. Infinitivanschluss mit der Präposition *à*

Zu dieser Gruppe gehören z. B. folgende Verben:

aider qn **à** faire qc	jdm helfen, etw. zu tun
s'amuser **à** faire qc	sich vergnügen/amüsieren, etw. zu tun
apprendre **à** faire qc	lernen, etw. zu tun
arriver/réussir **à** faire qc	es gelingt jdm, etw. zu tun
s'attendre **à** faire qc	damit rechnen, etw. zu tun
commencer **à** faire qc	beginnen, etw. zu tun
continuer **à** faire qc	fortfahren, etw. zu tun
se décider **à** faire qc	sich entscheiden, etw. zu tun
encourager qn **à** faire qc	jdn ermutigen, etw. zu tun
s'engager **à** faire qc	sich verpflichten, etw. zu tun
s'habituer **à** faire qc	sich daran gewöhnen, etw. zu tun
hésiter **à** faire qc	zögern, etw. zu tun
inviter qn **à** faire qc	jdn einladen, etw. zu tun
avoir du mal **à** faire qc	Schwierigkeiten haben, etw. zu tun
obliger qn **à** faire qc	jdn verpflichten/zwingen, etw. zu tun
passer/perdre son temps **à** faire qc	seine Zeit damit verbringen/verlieren, etw. zu tun
penser **à** faire qc	daran denken, etw. zu tun
renoncer **à** faire qc	darauf verzichten, etw. zu tun

3. Infinitivanschluss mit der Präposition *de*

Zu dieser Gruppe gehören z. B. folgende Verben:

accepter **de** faire qc	akzeptieren, etw. zu tun
accuser qn **de** faire qc	jdn beschuldigen, etw. zu tun
arrêter **de** faire qc	aufhören, etw. zu tun
conseiller à qn **de** faire qc	jdm raten, etw. zu tun
décider **de** faire qc	beschließen, etw. zu tun
interdire à qn **de** faire qc	jdm verbieten, etw. zu tun
demander à qn **de** faire qc	jdn. bitten/auffordern, etw. zu tun
se dépêcher **de** faire qc	sich beeilen, etw. zu tun
dire à qn **de** faire qc	jdm. sagen, etw. zu tun
empêcher qn **de** faire qc	jdn daran hindern, etw. zu tun
éviter **de** faire qc	vermeiden, etw. zu tun
essayer **de** faire qc	versuchen, etw. zu tun
finir **de** faire qc	aufhören, etw. zu tun
oublier **de** faire qc	vergessen, etw. zu tun
permettre à qn **de** faire qc	jdm erlauben, etw. zu tun
promettre à qn **de** faire qc	jdm versprechen, etw. zu tun
proposer à qn **de** faire qc	jdm vorschlagen, etw. zu tun
regretter **de** faire qc	bedauern, etw. zu tun
remercier qn **d'**avoir fait qc	jdm danken, etw. getan zu haben
reprocher à qn **de** faire qc	jdm vorwerfen, etw. zu tun
rêver **de** faire qc	davon träumen, etw. zu tun
refuser **de** faire qc	sich weigern, etw. zu tun
risquer **de** faire qc	Gefahr laufen, etw. zu tun
être en train **de** faire qc	dabei sein, etw. zu tun
venir **de** faire qc	gerade etw. getan haben

Außerdem wird ein Infinitiv mit ***de*** angeschlossen:

- bei Ausdrücken vom Typ: ***avoir*** + **Nomen**:
  z. B. avoir besoin **de** faire qc, avoir envie **de** faire qc, avoir peur **de** faire qc, avoir/prendre le temps **de** faire qc, avoir le droit **de** faire qc, avoir raison/tort (Unrecht) **de** faire qc ;
- bei unpersönlichen Ausdrücken mit ***cela/ça***:
  z. B. cela/ça me fait plaisir **de** faire qc, cela/ça m'amuse **de** faire qc, cela/ça m'intéresse **de** faire qc, cela/ça me dérange **de** faire qc;
- bei unpersönlichen Ausdrücken vom Typ: ***il est/c'est*** + **Adjektiv**:
  z. B. il est/c'est dangereux **de** faire qc, il est/c'est important **de** faire qc, il est/c'est nécessaire **de** faire qc, il est/c'est (im)possible **de** faire qc, il est/c'est facile/difficile **de** faire qc.

Verwendete Begriffe	Französische Entsprechungen und Beispiele
Adjektiv	l'adjectif *(m.)* : *une* ***grande*** *maison*
Adverb **abgeleitetes ~** **ursprüngliches ~**	l'adverbe *(m.)* ~ en -ment : ***normalement*** ~ simple : ***tard****,* ***souvent***
Angleichung des *participe passé*	l'accord *(m.)* du participe passé : *Mes parents sont rentré****s****.*
Artikel **bestimmter ~** **unbestimmter ~**	l'article *(m.)* ~ défini : ***le*** *garçon,* ***la*** *fille,* ***les*** *jeunes* ~ indéfini : ***un*** *garçon,* ***une*** *fille,* ***des*** *jeunes*
Bedingungssatz	la phrase conditionnelle : ***Si*** *tu* ***viens****, je* ***serai*** *content.* ***Si*** *j'****étais*** *millionnaire, je ferais le tour du monde.*
Begleiter	le déterminant : ***ce*** *livre,* ***ma*** *sœur,* ***l'****ordinateur*
Conditionnel	le conditionnel ~ présent : *j'****aimerais*** ~ passé : *j'****aurais fait***
Demonstrativbegleiter	le déterminant démonstratif : ***ce*** *livre,* ***cette*** *chambre,* ***ces*** *vêtements*
Endung (des Verbs)	la terminaison *(du verbe)* : *je sor****s****, vous sort****ez***
Femininum (weibliches Geschlecht)	le (genre) féminin : ***une*** *table*
Futur composé	le futur composé : *Il* ***va faire*** *les courses.*
Futur simple	le futur simple : *Il* ***fera*** *les courses.*
Genus (Geschlecht)	le genre : ***un*** *jour,* ***une*** *semaine*
Gérondif	le gérondif : ***en*** *chant****ant***
Grundzahlen	les nombres cardinaux : *un, deux, trois*
Hauptsatz	la proposition principale : ***Il ne vient pas*** *parce qu'il est malade.*
Imparfait	l'imparfait *(m.)* : *je buv****ais****, nous sort****ions****, vous trouv****iez***
Imperativ (Befehlsform)	l'impératif *(m.)* : ***Attends ! Ecoutez !***
Infinitiv (Grundform)	l'infinitif *(m.)* : *avoir, aller, chercher*
Indikativ (Wirklichkeitsform)	l'indicatif *(m.)* : *Il* ***fait*** *beau.*

Verwendete Begriffe	Französische Entsprechungen und Beispiele
Indirekte Rede **Indirekte Frage**	le discours indirect : *Il a dit que…* l'interrogation indirecte : *Elle a demandé si…*
Inversionsfrage (Frage durch Umstellung von Subjekt und Verb)	l'interrogation *(f.)* par inversion : *Comment vas-tu ?*
Komparativ (Steigerungsstufe)	le comparatif : *Mon frère est* ***plus jeune que*** *moi.*
Konjugation	la conjugaison : *je trouv**e**, tu trouv**es***, etc.
das konjugierte Verb	le verbe conjugué : *Je ne* ***peux*** *pas travailler.*
Konjunktion	la conjonction : ***et**, **parce que**, **comme**, **car***
Maskulinum (männliches Geschlecht)	le (genre) masculin : ***un*** *copain*, ***un*** *chat*
Modus (Indikativ, Imperativ, Conditionnel, Subjonctif)	le mode
Nebensatz	la proposition subordonnée : *Il ne vient pas* ***parce qu'il est malade.***
Nomen (Substantiv)	le nom (substantif) : *le* ***lycée***, *la* ***famille***
Numerus (= Singular und Plural)	le nombre : ***un vélo**, **des vélos***
Objekt **direktes ~** **indirektes ~**	le complément d'objet ~ direct : *Je lis* ***un livre.*** ~ indirect : *Luc parle* ***à son copain.***
Objektpronomen **direktes ~** **indirektes ~**	le pronom objet ~ direct : *Il* ***la*** *regarde.* ~ indirect : *Elle* ***lui*** *téléphone.*
Ordnungszahlen	les nombres ordinaux : *la* ***deuxième*** *fois, le* ***troisième*** *étage*
Partizip Perfekt	le participe passé : *j'ai* ***donné***, *tu es* ***allé(e)***
Participe présent	le participe présent : *Ne* ***comprenant*** *pas l'exercice de maths, Pierre…*
Passé composé	le passé composé : ***j'ai vu***, *je* ***suis parti(e)***
Passé simple	le passé simple : *il repart**it*** (von *repartir*)
Passiv	le passif : *Luc* ***a été transporté*** *à l'hôpital.*

Verwendete Begriffe	Französische Entsprechungen und Beispiele
Personalpronomen	les pronoms personnels : ***je***, ***tu***, ***il***, ***elle*** etc.
Plural (Mehrzahl)	le pluriel : ***les*** *fête**s***, ***des*** *cadeau**x***
Plusquamperfekt	le plus-que-parfait : *Marie* ***avait trouvé****…*
Possessivbegleiter	le déterminant possessif : ***mon*** *père*, ***ta*** *mère*, ***son*** *frère*
Präposition	la préposition : ***à*** *Paris*, ***sans*** *Luc*, ***avec*** *Marie*, ***en*** *voiture*
Präsens	le présent : *Naïma* ***aime*** *la danse.*
Pronomen	le pronom : ***Tu me le*** *donne ?*
reflexive Verben	les verbes pronominaux : ***s'appeler***, ***se coucher***
Reflexivpronomen	le pronom réfléchi : *Comment tu* ***t'****appelles ?*
Relativpronomen	le pronom relatif : ***qui***, ***que***, ***où***, ***dont****…*
Relativsatz	la proposition relative : *Marie est une fille* ***qui*** *adore le sport.*
Singular (Einzahl)	le singulier : ***la fête***, ***un cadeau***
Stamm (des Verbs)	le radical : *nous* ***part****ons*, *vous* ***trouv****ez*
Steigerung (Adjektiv/Adverb)	les degrés *(de l'adjectif/de l'adverbe) :* ***plus/moins/aussi*** *grand* ***que***
Subjekt	le sujet : ***Yann*** *fait du vélo.*
Subjektpronomen	le pronom sujet : ***je***, ***tu***, ***il***, ***nous*** etc.
Subjonctif	le subjonctif présent : *Il faut que tu* ***partes****.*
Superlativ (höchste Steigerungsstufe)	le superlatif : *C'est le garçon* ***le plus sportif*** *du lycée.*
Teilungsartikel	l'article partitif *(m.)* : *Il nous faut* ***du*** *beurre et* ***de la*** *farine.*
Verb **regelmäßiges ~** **unregelmäßiges ~**	le verbe ~ régulier : *chercher*, *partir* ~ irrégulier : *avoir*, *pouvoir*
Verneinung	la négation : ***ne…pas***, ***ne…jamais*** etc.